ADVOCACIA STARTUP

Tudo o que é preciso saber para construir – do zero – a sua startup-escritório de advocacia

por

RAUL L. DOURADO

Todo o conhecimento deste livro foi adquirido através da leitura de outros livros e da experiência vivenciada em parceria com o meu sócio e amigo, Marcos Puoci. Nada mais justo, portanto, que o resultado final seja dedicado a esse grande cara.

Obrigado, Marcos! Seguimos em frente!

Sumário

"À MEDIDA QUE MAIS E MAIS PESSOAS TIVEREM A OPORTUNIDADE DE TENTAR O EMPREENDEDORISMO, O MUNDO JAMAIS SERÁ O MESMO."

Eric Ries

— **Também na advocacia.**

PRÓLOGO

PRETENSÕES DESTE LIVRO. A ADVOCACIA STARTUP COMO CONCEITO DISTINTO AO DE DIREITO DAS STARTUPS. UMA REFLEXÃO SOBRE SUCESSO NA CARREIRA. O EMPREENDEDORISMO DO TIPO STARTUP COMO ALTERNATIVA ÀS *SHADOW CAREERS*. A NOÇÃO DO CONCEITO DE RESISTÊNCIA PARA O MELHOR APROVEITAMENTO DA LEITURA. COMO ESTE LIVRO ESTÁ ORGANIZADO.

| O FUTURO É DISRUPTIVO

Meu caro leitor, eu espero que este livro seja o início de uma bela jornada; que desperte você para a certeza de que é possível, remando com as próprias mãos, alcançar os seus sonhos profissionais – sem se esquecer de aproveitar e aprender ao longo do caminho.

A ADVOCACIA STARTUP surge com a ousada pretensão de representar uma quebra de paradigmas ao mercado – tão tradicionalista – da advocacia. Eu quero te apresentar mais do que apenas um método para abrir e gerir o seu escritório, mas um modo diferente de encarar e viver a carreira: mais eficiente, sustentável, transparente, justo, equilibrado, criativo, humanizado, recompensador, empático e, sobretudo, com mais propósito e significado.

Espero que o dia a dia da profissão faça mais sentido para quem o vive; que se modernize, de dentro pra fora, e contribua verdadeiramente para um melhor Direito; que esteja em harmonia com o seu propósito; e que não seja apenas um fim em si mesmo.

Se conseguirmos fazer com que advogados, "pelotão de frente" dos operadores do Direito, criem os seus trabalhos de uma maneira que lhes faça mais sentido, pouco a pouco também transformaremos o Direito como um todo.

Para que esta ideia se espalhe e a transformação aconteça, compartilho neste livro a noção de ADVOCACIA STARTUP, um empreendedorismo voltado para o mercado da advocacia, tendo como inspiração maior conceitos típicos de "empresas startups". Percorreremos juntos, ao longo da leitura, toda a caminhada de um escritório que segue este tipo de gestão empreendedora, desde a etapa preliminar até a fase de grande crescimento, passando, logicamente, pelos momentos de formação e consolidação do negócio.

O parâmetro que utilizei para tangibilizar o conteúdo aqui exposto foi a minha própria trajetória à frente de uma sociedade de advogados – trilhada "do zero", junto com o meu sócio. Os aprendizados aqui colocados, contudo, podem ser bastante úteis e facilmente adaptados a qualquer escritório já preestabelecido.

Antes de resolvermos empreender, eu e meu sócio vivíamos o papel do jovem advogado insatisfeito com a carreira e o dia a dia da profissão. Hoje, cerca de cinco anos depois de termos começado, estamos administrando o escritório dos nossos sonhos, numa área nobre da cidade do Rio de Janeiro, com uma equipe maravilhosa, novos sócios que também são nossos amigos, qualidade de vida acima da média e uma segurança financeira real, que nenhum outro escritório nos daria.

O conjunto de ideias, conceitos e estratégias que utilizamos ao longo desse tempo deram origem ao que achei justo chamar de ADVOCACIA STARTUP, por se tratar de uma advocacia feita a partir de uma administração "tipo startup".

Quando começamos, o nosso interesse era construir, desde o início, uma sociedade de advogados como nenhuma outra que conhecíamos. Para isso, desafiamos todos os conselhos que vimos sobre *"Como montar o seu escritório de advocacia"* (o SEBRAE, por exemplo, dizia ser preciso investir cerca de R$ 40.000,00 para começar, mas nós não tínhamos esse dinheiro) e resolvemos investir em uma forma de empreendedorismo até então não imaginada para o nosso segmento.

Este livro condensa o aprendizado que tivemos nestes anos. É uma obra que apresenta, começando do zero (inclusive financeiro), como empreender na advocacia – feita por quem de fato empreendeu como advogado, não limitado aos tradicionalismos da área. Há aspectos de gestão, relacionamento, planejamento e desenvolvimento de carreira, sempre pelo caminho de uma STARTUP-ESCRITÓRIO DE ADVOCACIA.

Um dos principais objetivos desta obra é desmistificar a maneira de se empreender no setor – e mostrar ao leitor "como" e "o que" pode ser feito, desde antes do primeiro passo. É possível sim construir uma carreira sólida, sustentável, com retorno financeiro, segurança e liberdade profissional, através de uma gestão startup na advocacia. Ao final, espero te convencer não apenas de que isso é possível, mas também de que, na verdade, este é o caminho no qual o futuro da nossa profissão deve se pautar. Afinal de contas, esse futuro, de modo geral, é disruptivo, e, para aprendermos a lidar com ele, será preciso desenvolvermos habilidades que somente uma advocacia startup poderá nos proporcionar.

| ADVOCACIA STARTUP ≠ DIREITO DAS STARTUPS

É muito importante, desde já, ressaltar a diferença entre estes dois conceitos. Este, definitivamente, não é um livro sobre Direito das Startups. Podemos dizer – para melhor tentar diferenciar ambos os termos – que a matéria aqui tratada está mais próxima de uma "startupzação" da advocacia. É um livro sobre como aplicar uma gestão empreendedora na área – e como este é um caminho perfeitamente acessível, muito mais viável do que se imagina.

Ao contrário do que o senso comum hoje enxerga, a carreira de um advogado é, em sua essência, uma carreira de natureza empreendedora. Fundar um escritório de advocacia, atuar como associado de um ou, ainda, advogar de maneira autônoma, são apenas formas diferentes de se empreender. Apesar disso, o tema é pouquíssimo explorado. As faculdades de Direito pouco ou nada ensinam sobre empreendedorismo e, mesmo fora delas, as duas coisas não costumam ser bem relacionadas.

O mercado da advocacia, inclusive, se preocupa mais em enxergar o ambiente empreendedor como um alvo para o oferecimento de serviços do que como uma inspiração para alcançar aprendizados de uma administração mais moderna. Não se percebe que talvez o empreendedorismo tenha mais a auxiliar o mercado da advocacia do que o contrário.

Em outras palavras: é possível que o conhecimento sobre "Direito das Startups" seja bem menos importante do que o de uma "Advocacia Startup", apesar da pouca percepção dos operadores do Direito neste sentido.

Mas, para início de conversa, o que seriam startups?

Em uma definição recente, podemos entender uma startup como "*uma instituição humana projetada para criar novos produtos ou serviços sob condições de extrema incerteza"*[1].

A expressão "extrema incerteza" assusta, mas o fato de estar na definição já demonstra a importância que o modelo de administração adequado tem neste tipo de negócio. Ao lidar, conscientemente, desde o seu início, com o fator "extrema incerteza", uma startup bem gerida constrói os seus próprios mecanismos de medição e mitigação de riscos, que evoluem conforme o desenvolvimento do negócio – fazendo dele, paradoxalmente, muito mais seguro e sustentável.

Hoje, empresas do mundo inteiro têm modernizado a maneira de lidar com o próprio negócio, interna e externamente, optando por este "estilo startup". Chegou a hora das sociedades de advogados perderem a timidez para fazer o mesmo – e perceberem que também podem usufruir de um empreendedorismo assim. Para tanto, é importante dar-se conta de compreender, primeiro, o *empreendedorismo enquanto matéria*, que pode e que deve ser implementada também *dentro do Direito*; para, então, ciente disso, explorar a existência deste *"estilo startup"*[2] *de se empreender*. Os tradicionalismos da carreira de advogado devem servir como referência, mas jamais devem implicar em alguma forma de engessamento do desenvolvimento profissional – menos ainda do desenvolvimento pessoal.

Considerando isso tudo, lembro aqui, mais uma vez, que este não é um livro sobre questões de Direito ligadas à empresas startups, mas sim um livro sobre a criação e gestão ao "estilo startup" de um escritório de advocacia.

---

[1] RIES, Eric. *A Startup Enxuta*. Ed. Leya. 2011. Página 24.

[2] Conceito explorado por Eric Ries em seu livro *O Estilo Startup*, Ed. Leya, 2018.

VOCÊ ESTÁ SATISFEITO COM A SUA VIDA PROFISSIONAL?

Eu gostaria de utilizar este prólogo como uma espécie de ambientação do leitor para o restante da obra. Até aqui, tratei daquilo que você pode esperar desta leitura e daquilo que você não deve esperar desta leitura. A partir de agora – começando já da pergunta deste tópico – faço uma provocação. O objetivo é estimular uma reflexão sobre carreira.

Um dos maiores obtáculos que nos impede de mudar é que ficamos aprisionados à rigidez do nosso círculo social – daquilo que família, amigos e colegas de trabalho vivem e entendem ser o certo para se viver.

Geralmente, mal nos damos conta. Ao tentarmos definir os nossos objetivos e sonhos, há, inevitavelmente, um alto risco de ficarmos à mercê da *desejabilidade social*. Por conta disso, muitas vezes acabamos confundindo aquilo que realmente gostaríamos de seguir com aquilo que outros esperam de nós e depositam de expectativa sobre nós.

Levando isso em conta: quando você, leitor, tentando se despir dessa desejabilidade social, analisa a si mesmo, apenas sob a sua própria perspectiva, qual resposta você dá à pergunta *"eu posso verdadeiramente me considerar uma pessoa bem sucedida?"*?

Reflita sobre o assunto apoiando-se nos três elementos formadores do sucesso[3]: *conquistas* (materiais); *significado* (valorização e bom sentimento sobre aquilo que se faz); e

---

[3] Conceito retirado do best-seller de Laura Nash e Howard Stevenson: Just Enough: Tools for Creating Success in Your Work and Life (Ed. Wiley. 2005).

felicidade (autorrealização e satisfação). Responda apenas para você mesmo.

Neste momento, por incrível que pareça, ao olhar mais a fundo para a própria trajetória, muitos advogados e advogadas percebem que estão vivendo a carreira inteira percorrendo algo que em nada se assemelha com aquilo que verdadeiramente gostariam de trilhar. Acostumam-se (ou forçam-se) a ser apenas parte de um todo já pré-moldado, onde a opção única é adaptar-se à rotina, trocando a energia diária por alguns dinheiros ao final do mês. Aceitam que o mercado da advocacia "é assim mesmo" e não enxergam o empreendedorismo como uma opção viável de carreira.

Estes profissionais geralmente estacionam nas chamadas *shadow careers*, termo cunhado pelo *best-seller* americano Steven Pressfield[4].

Para quem não conhece a expressão, trata-se da denominação usada para representar um comportamento conformista comum à carreira de advogado: o do profissional que se convenceu a permanecer em um determinado trabalho simplesmente porque a alternativa de arriscar seguir naquilo que realmente o satisfaz é aterrorizante demais para sequer ser tentada.

Nestes casos, o medo de falhar com (e até de realmente descobrir) aquilo que mais deseja trabalhar, faz com que o profissional se contente com apenas uma sombra daquilo que poderia ser a sua carreira. Isso é a *shadow career*.

Esta "sombra da carreira ideal" funciona também como um consolo para a hipótese de fracasso: nela, a eventual falha é muito menos intimidadora – porque é mais aceita

---

[4] Conceito retirado do best-seller de Steven Pressfield, *Turning Pro* (Ed. Black Irish Books. 2012).

socialmente e mais "mascarável" – do que a falha em uma carreira fora dos padrões. Ao trilhar um caminho não convencional, encara-se de frente o medo de ser julgado pelo coletivo – e, por conta disso, acabar "excluído do grupo", ficar para trás na profissão ou, ainda, não conseguir partilhar das mesmas experiências sociais que a maior parte dos seus colegas próximos.

Às vezes, mesmo vivendo em uma *shadow career*, acontece do advogado manter vivo o sonho de trilhar uma carreira com mais significado pessoal. Não raro, permanece-se arquitetando o cenário perfeito que, *se* existisse, lhe permitiria sair daquela posição e, enfim, alcançar a plenitude profissional. Só que os anos se passam e o cenário perfeito fica cada vez mais distante, encoberto pelo tempo.

Com menos frequência, há advogados que tomam coragem e abandonam as suas *shadow careers*; abrem seus próprios escritórios ou se associam a outro onde têm mais autonomia. O problema é que, depois de tanto tempo imerso naquele modelo tradicional de gestão da advocacia, a iniciativa acaba sendo apenas uma reprodução daquele mesmo modo de operação, única forma que estes profissionais conhecem de lidar com a carreira.

A proposta deste livro é apresentar uma alternativa a este modelo, desconstruir crenças limitantes – como falta de dinheiro e falta de clientes – e apresentar o empreendedorismo do "tipo startup" aplicado ao mercado da advocacia.

Pela utilização desta alternativa, sair de uma *shadow career* pode sim ser algo viável – e capaz de ser iniciado desde já.

RESISTÊNCIA DURANTE A LEITURA

Antes de prosseguirmos, eu peço licença para, ainda neste "prólogo-ambientação" fazer um alerta em forma de citação. Abaixo, destaco o trecho do livro "Cem dias entre céu e mar", do navegador brasileiro Amyr Klink, que relata a sua incrível jornada de travessia entre a África e o Brasil, sozinho, a bordo apenas de um barco a remo:

"SE ESTAVA COM MEDO? MAIS QUE A ESPUMA DAS ONDAS, ESTAVA BRANCO, COMPLETAMENTE BRANCO DE MEDO. MAS, AO ME ENCONTRAR AFINAL SÓ, SÓ E INDEPENDENTE, SENTI UMA SÚBITA CALMA. ERA PRECISO COMEÇAR A TRABALHAR RÁPIDO, DEIXAR A ÁFRICA PARA TRÁS, E ERA EXATAMENTE O QUE EU ESTAVA FAZENDO. ERA PRECISO VENCER O MEDO; E O GRANDE MEDO, MEU MAIOR MEDO NA VIAGEM, EU VENCERA ALI, NAQUELE MESMO INSTANTE, EM MEIO À DESORDEM DOS ELEMENTOS E À BAGUNÇA DAQUELA SITUAÇÃO. ERA O MEDO DE NUNCA PARTIR. SEM DÚVIDA, ESTE FOI O MAIOR RISCO QUE CORRI: NÃO PARTIR."[5]

Eu acredito que as palavras de Amyr podem servir de ajuda para melhor digerir algumas resistências que eventualmente venham a surgir durante a leitura.

O depoimento é, sem dúvidas, a descrição perfeita de uma sensação que vai existir para a quase totalidade das pessoas que pretendem começar algum projeto cercado de risco – desde algo enorme, como atravessar um oceano através de um barco a remo, até a fundação de um negócio novo, do zero, para competir, sem dinheiro, no ambiente de um mercado tradicionalista.

---

[5] KLINK, Amyr. *Cem dias entre céu e mar*. Ed. Companhia das Letras. 1995.

Uma das associações claras ao "medo de não partir", mencionado por Amyr, é justamente o conceito de RESISTÊNCIA – também do autor Steven Pressfield[6], aqui já citado.

Essa RESISTÊNCIA, segundo o escritor, é aquela força que naturalmente se opõe às mudanças e a qualquer novo plano que tenha alguma chance de falhar (como uma ideia que foge ao padrão e é carregada de incertezas, por exemplo). Trata-se do conjunto de elementos, oriundos de você mesmo ou de terceiros, que te atrapalha a buscar os seus sonhos e a alcançar os seus objetivos. Ela pode aparecer sob a forma de um sentimento – de desconfiança, de uma súbita preguiça procrastinatória – ou até representado nas palavras de um colega – que, de maneira geralmente infundada, desdenha do seu projeto. O medo de não partir, abordado no texto, nada mais é do que o receio de sucumbir a essa RESISTÊNCIA.

Tal como o roteiro de Amyr, que tanto foi taxado de impossível, a gestão de um escritório de advocacia através da aplicação de conceitos típicos de startups também foi (e continua sendo) considerada por muita gente como uma tarefa grande demais para ser feita através de técnica e instrumentos tão simples. Entretanto, assim como o navegador estudou as condições e se preparou para a jornada até torná-la uma realidade, eu quero mostrar que é possível fazer o mesmo no "mar" da advocacia.

Para que isso aconteça é preciso "começar a trabalhar" e "deixar a África pra trás". O "medo de não partir" vem do medo de não estar preparado para o que pode vir – quais instrumentos utilizar, como ajustar a rota, como medir o desenvolvimento, como economizar energias, como

---

[6] Vide *The war of art*, livro de Steven Pressfield, Ed. Black Irish Entertain, 2011.

racionalizar "mantimentos", dentre tantas outras preocupações.

O livro ADVOCACIA STARTUP vai te orientar ao longo dessa trajetória. Utilize-o como uma bússola, um instrumento capaz de te ajudar a descobrir para onde remar, com o seu próprio esforço e dedicação.

Com sorte, as várias trajetórias, de vários leitores, poderão, no futuro, ressignificar a maneira que desenvolvemos a nossa carreira dentro do Direito, e até mesmo como o próprio Direito acontece na nossa sociedade.

| COMO ESTE LIVRO É ORGANIZADO E O QUE VOCÊ ENCONTRARÁ EM SUA LEITURA

Para fechar o nosso prólogo-ambientação, acho válido entendermos a estrutura na qual este livro está dividido. São três partes:

- Parte Um: Preliminares de Mérito;
- Parte Dois: Mérito; e
- Parte Três: Pedidos.

A brincadeira com a nomenclatura tem o seu quê de verdade:

A Parte Um trata daquilo que antecede a existência do negócio – ou seja, daquilo que deve, preliminarmente, ser entendido e preparado pelos sócios fundadores. São aspectos "pré-formadores", que considero necessários a um melhor desenvolvimento: (1º) preparativos iniciais relacionados às pessoas dos sócios; (2º) compreensão das metodologias *lean* e *effectuation*, instrumentos fundamentais em todo o processo; e (3º) entendimento e planejamento dos elementos formadores de uma cultura organizacional, base para construção de qualquer STARTUP-ESCRITÓRIO DE ADVOCACIA.

A Parte Dois trata da concepção e estruturação do negócio em si. Podemos dizer que se refere aos aspectos "formadores". É, tal como a parte anterior, dividida em três capítulos – os quais, apesar de separados, devem ser desenvolvidos concomitantemente pelo futuro empreendedor-advogado. Ao longo dessa parte, (1º) exploramos os quatro tipos de "hipótese inicial" de implementação de um "mínimo produto viável", da mais enxuta, inclusive financeiramente, para a menos enxuta; (2º) entendemos quais as cinco áreas vitais necessárias para estruturar profissionalmente o escritório; (3º) abordamos as dez operações que precisam ser periodicamente executadas para o pleno desenvolvimento da organização e suas respectivas áreas vitais.

Por fim, a Parte Três trata da "pós-formação", daquilo que sempre se pretende (ou que se "pede"): (1º) a consolidação do negócio; (2º) um crescimento contínuo e com manutenção do "DNA startup"; e (3º) um legado positivo. Para isso, busco inicialmente ligar os conceitos apresentados nas duas partes anteriores do livro, para melhor compreensão de como funciona a STARTUP-ESCRITÓRIO DE ADVOCACIA já consolidada. Depois, faço um alerta para os perigos escondidos na etapa que vem logo após a consolidação. Ao final, deixo uma última provocação, desta vez sobre o conceito de legado – elemento que acredito estar diretamente relacionado à sensação de "dever cumprido" e autorrealização (que, por sua vez, está ligada aos conceitos de sucesso e felicidade, os quais passamos brevemente neste prólogo), além de carregar um enorme potencial de transformação social.

Antes de tudo isso, evidentemente, há o capítulo de Introdução. Nele, busco compreender um pouco do contexto em que nos encontramos – qual é o cenário atual do mercado de trabalho e, mais do que isso, por que a ideia de empreender tem cativado tantas pessoas.

Seja bem-vindo!

INTRODUÇÃO

A ENTRADA DA GERAÇÃO Y NO MERCADO DE TRABALHO E O EMPREENDEDORISMO "TIPO STARTUP". O MERCADO DA ADVOCACIA, DESENVOLVIDO EM MEIO A TRADICIONALISMO E COSTUMES, É NATURALMENTE MAIS RESISTENTE À GRANDES MUDANÇAS, INCLUSIVE EM RELAÇÃO AO EMPREENDEDORISMO. COMO O CHOQUE ENTRE GERAÇÕES DENTRO DE UM MERCADO TRADICIONALISTA CRIOU UMA GERAÇÃO DE PROFISSIONAIS FRUSTRADOS. AS BARREIRAS DE ATUAÇÃO NO MERCADO DE ESCRITÓRIOS DE ADVOCACIA. O MITO DA ESTABILIDADE DE CARGOS PÚBLICOS. A ALTERNATIVA POSSÍVEL POR MEIO DE UMA ADVOCACIA STARTUP.

| A GERAÇÃO "Y" E O EMPREENDEDORISMO "TIPO STARTUP"

Empreender está associado a ser livre. E é por conta dessa ligação que cada vez mais a cultura empreendedora se desenvolve e cativa profissionais no mundo todo – sobretudo aqueles da chamada Geração Y, nascida entre 1982 e 2000, que buscam "sair da bolha" e trilhar uma carreira com mais propósito e significado.

Para boa parte dessa geração, o empreendedorismo se tornou o caminho para tentar romper com o modelo tradicional do mercado de trabalho e, enfim, ter liberdade para construir um ambiente profissional no qual ela de fato se sinta motivada.

Para encontrar essa motivação, as atenções se voltam, geralmente, para um destes sete principais motivadores:

- fazer a diferença no mundo;
- ter a sensação de estar contribuindo;
- ser inovador;
- ter voz;
- ser valorizado;
- se expressar por meio do trabalho; e
- ter uma vida profissional em harmonia com a vida pessoal.

A não percepção desses elementos, integralmente ou em parte, pode resumir todas ou quase todas as frustrações que a Geração Y enfrenta em sua vida profissional. Não surpreende, portanto, que o avançar dela no mercado de trabalho tenha coincidido com a explosão de crescimento do número de empresas startups – que representaram, e continuam representando, uma nova maneira de se iniciar e administrar o próprio negócio.

A ideia de "abrir uma startup" se tornou, pouco a pouco, um grande símbolo – sinal de empreendedorismo moderno e cativante. Se, antes, o processo e a gestão eram considerados maçantes e desinteressantes, com o surgimento das startups isso passou a ser visto como dinâmico e estimulante. Através desta visão, uma legião de "desajustados ao mercado de trabalho convencional" enxergou alguma esperança de conseguir criar o seu próprio trabalho e fazer tudo funcionar do seu jeito. Utilizando um modelo de desenvolvimento repetível e escalável, pautado em aprendizados constantes, custo reduzido e alto potencial de crescimento, começou a parecer possível a um pequeno grupo de sonhadores superar as barreiras de incertezas advindas de um novo negócio e, então, alcançar o almejado sucesso profissional sem precisar se alinhar a uma empresa tradicional já preestabelecida.

Dentre as iniciativas deste "tipo" de empreendedorismo, os grandes expoentes estão, inegavelmente, nas áreas de informática e tecnologia. É natural, ao pensarmos em exemplos de startups que alcançaram o sucesso, lembrarmos de nomes como Google, Facebook, Uber, Airbnb, Paypal, Instagram, dentre outros.

No ramo do Direito, contudo, apesar de existir um notável interesse pelo assunto, o movimento do empreendedorismo "tipo startup" acaba se afunilando no mesmo foco da tecnologia. Vemos surgir diversas "startups jurídicas", com projetos (até, muitas vezes, louváveis, diga-se) de negócios que buscam desenvolver ferramentas para auxiliar o operador do Direito em questões "acessórias", como pesquisas, aprendizados e conexão de profissionais. Paralelamente, na questão "principal" (a própria advocacia, por assim dizer), as iniciativas ainda caminham em um ritmo muito tímido – e, em regra, pouco se preocupam em debater as práticas de uma advocacia com mais propósito e significado.

Quando restringimos a análise a escritórios de advocacia, então, percebemos que essa timidez ganha contornos até mais intensos. A razão para isso está na presença de firmes barreiras do senso comum, que parecem quase intransponíveis: existe uma compreensão geral de que um escritório de advocacia, por sua natureza "mais séria", não teria viabilidade em um caminho que foge às práticas tradicionais. Acredita-se que, para empreender por meio de uma sociedade de advogados e construir uma advocacia respeitada, sustentável e de qualidade, seria necessário primeiro cercar-se de diversos "pré-requisitos". Eles variam pouco: um nome famoso; longos títulos acadêmicos; uma vasta reserva financeira; uma carteira de clientes prévia; uma sede imponente... E algumas outras "necessidades" similares, que fazem parte do imaginário coletivo. A verdade, porém, é que estes elementos até podem ter alguma utilidade durante a caminhada, mas estão longe de serem pré-requisitos para o sucesso.

Este mesmo senso comum é aquele que não se surpreende com o fato de uma empresa de tecnologia como o Facebook, iniciada dentro de um dormitório acadêmico, ser hoje uma das maiores organizações do mundo. Ninguém também duvida da narrativa que descreve os primeiros passos da Apple dentro de uma garagem residencial, em que pese ela ter se tornado uma das maiores empresas de todos os tempos. Curiosamente, poucos acreditam na possibilidade de um escritório de advocacia, começando do quarto ou da garagem de um de seus fundadores, se tornar, em pouco tempo, um caso de grande sucesso.

Entretanto, desde já, adianto: é claro que é possível.

Ocorre que, ao passo que estes preconceitos permanecem, os tradicionalismos do mercado da advocacia também vão se mantendo. A maioria dos escritórios segue vivendo um modelo de negócios "estressado", tropeçando no choque de pensamento entre as diferentes gerações. Estas questões demandam cuidado e urgência já agora – seja porque a Geração Y progride nas organizações; seja porque um futuro disruptivo bate à nossa porta.

| OS ESCRITÓRIOS TRADICIONAIS E O CHOQUE ENTRE GERAÇÕES

Ao analisarmos o contexto de um escritório de advocacia tradicional, é comum encontramos um cenário em que há diferentes gerações trabalhando juntas.

Ainda há no mercado alguns poucos da Geração Tradicionalista, formada pelos que nasceram antes do término da Segunda Guerra Mundial. Há muitos da Geração dos *Baby Boomers*, dos nascidos entre o pós-guerra e 1964. Há a Geração X – chamada "incógnita", de transição de comportamentos – dos nascidos entre 1965 e 1981. Há a já citada Geração Y, de nascidos entre 1982 e 2000. E, hoje, ainda, começa a surgir uma quinta geração possível, a Geração Z (ou "digital"), dos nascidos após 2001.[7]

Apesar da convivência de ao menos três gerações diferentes no mesmo ambiente de trabalho, a estrutura organizacional da maioria dos escritórios de advocacia segue apegada a um modelo que pouco se modernizou ao longo do tempo. Isso quase sempre implica numa incapacidade institucional de empoderar o seu pessoal mais criativo – que poderia, se bem estimulado, proporcionar inovação em prol de produtividade e crescimento.

Os *Baby Boomers*, em cargos superiores, chocam-se diretamente com os mais jovens no que diz respeito aos seus ideais. A geração X, por sua vez, tem como característica possuir uma certa resistência aquilo que é novo. Já a geração Y, clamando por cada vez mais espaço, anseia pelos sete motivadores que já citamos anteriormente. Isso tudo, quando misturado sem o diálogo necessário, resulta em um cenário difícil de ser equacionado.

---

[7] Vide Antônio de Jesus Limão Ervilha, em seu livro *Liderando Equipes Para Otimizar Resultados*, Ed. Saraiva, 2012.

De modo geral, o pensamento que prevalece na maioria dos escritórios é o de que a geração que adentra na organização deve se adaptar à forma como a anterior vem lidando com o trabalho. Isso faz com que boa parte dos escritórios apenas perpetue o modo de pensar que já está por ali, enraizado, sem empatia, que não deixa muita margem para o intercâmbio de pensamento entre gerações (até porque, em maior ou menor escala, os "sobreviventes" das gerações mais novas precisaram se "podar" ao longo do tempo para conseguirem crescer na instituição).

Por outro lado, os que ousam formar novos escritórios, do zero, geralmente acabam apenas replicando o modelo tradicional que já conhecem – ou, pior, se arriscando na iniciativa sem o devido planejamento.

A percepção primeira que este modelo nos traz é a de que há uma grande inabilidade para lidar com o tal futuro disruptivo. A inovação, o empreendedorismo, a contestação do *status quo*, a maior acessibilidade ao conhecimento e a constante mudança de hábitos – elementos típicos deste futuro – têm reflexo direto em como os profissionais encaram os ambientes de trabalho. As organizações precisam conseguir absorver a explosão de ideias e mudanças que surgem deste cenário – e isso só será possível com a devida abertura para se expressar e entender o que aparece de novo, direcionando tal novidade para o crescimento das organizações, sempre que possível.

O contexto ainda engessado da maioria dos escritórios acaba refletindo em um sem-número de advogados frustrados e esgotados – que, por sua vez, geram uma alta rotatividade de profissionais saindo e entrando de seus quadros. Outra parcela de trabalhadores, sem enxergar uma maneira de se encaixar – e sequer cogitando ser possível empreender na advocacia – concentra seus esforços, desde cedo, no estudo para um concurso público, imaginando ser este o caminho mais acertado para alcançar o sucesso profissional.

Essa opção pela "vida de concurseiro" é, muitas vezes, apenas um caminho diferente para a frustração. Surge um funcionário público desmotivado, que passa boa parte da sua jornada aguardando a hora de ir embora, projetando a sua felicidade no final de semana e entorpecendo a sua frustração através dos mantras "estabilidade" e "dinheiro ao final do mês".

Aproveitando a menção aos que optam pela "vida de concurseiro", abro o tópico seguinte como um "grande parênteses", especialmente voltado ao leitor que se encontra em tal situação.

| Ao leitor concurseiro, uma provocação

Para quem hoje em dia tem como foco principal os estudos para um concurso público, proponho que se faça uma breve reflexão em cima da seguinte indagação: "*Por que, de fato, eu desejo prestar concurso público?*".

Se a motivação maior estiver baseada na crença de que este é o único caminho capaz de te trazer estabilidade financeira e boas condições de alcançar um equilíbrio entre trabalho e qualidade de vida, talvez seja hora de pensar melhor sobre esta escolha. Se, afinal de contas, você, leitor, não considerar verdadeiramente a importância do seu dia a dia de trabalho e suas reais motivações para vivê-lo – incluindo o propósito e o sentido que enxerga na realização das tarefas diárias – então a tal estabilidade poderá representar também uma resignação com a infelicidade profissional.

Neste aspecto, tenho certeza que se concorda: é melhor viver feliz em um cotidiano de trabalho construindo algo em que se acredita, do que viver esperando aflitamente, todos os dias, pelo fim do expediente. Além disso, acho válido se questionar: será que o ganho, financeiro e pessoal, não seria maior se o investimento de tempo estivesse voltado para algo em que realmente se tem identificação?

Mas claro: pode ser que você, leitor concurseiro que teve paciência para refletir sobre a provocação aqui lançada, queira de fato este tipo de carreira. Se este é o seu caso, não há problema algum – desde que você esteja sendo sincero consigo mesmo.

Pois bem. Fechado este grande parênteses, prossigamos na leitura.

| A VIABILIDADE DO EMPREENDEDORISMO "TIPO *STARTUP*" COMO ALTERNATIVA AOS CAMINHOS TRADICIONAIS

Diante de um cenário em que os caminhos convencionais não o preenchem enquanto indivíduo – isto é, quando as opções *trabalhar em uma organização tradicional* ou *estudar para um concurso público* não são opções que se coadunam com o seu propósito de vida – então qual a alternativa viável?

Direto ao ponto, acredito que a resposta está em duas vertentes de empreendedorismo:

- construir, do zero, a sua própria STARTUP-ESCRITÓRIO DE ADVOCACIA – pelo método certo, capaz de fornecer os mecanismos necessários para romper as tais barreiras do senso comum; ou

- desenvolver carreira em uma já existente STARTUP-ESCRITÓRIO DE ADVOCACIA – que mantenha conservado o "DNA *startup*", permitindo-se a cada integrante a vivência de uma experiência empreendedora.

Por ser mais abrangente, este livro terá como base o primeiro caminho: de construção, do zero, de uma STARTUP-ESCRITÓRIO DE ADVOCACIA.

Para isso, é preciso primeiro silenciar as RESISTÊNCIAS que aparecem na forma de crenças limitantes. Não acredite em quem te diz, por exemplo, que, para abrir o seu próprio escritório, é necessário ter uma grande reserva financeira, ou uma sala pomposa e cheia de *glamour*, anos de experiência, títulos aos montes e/ou clientes já prontos na bagagem.

Por outro lado, também não vá ao extremo oposto de acreditar que nenhum cuidado é preciso. A estratégia do "simplesmente faça" – em que a pessoa se joga na jornada apenas com o seu conhecimento técnico jurídico, esperando "ver o que acontece" – é o mesmo que se lançar à sorte. Fazendo isso, o resultado obtido não terá qualquer relação com uma evolução programada (o que se espera com o método deste livro). Neste momento, a atitude correta é dar a devida importância ao planejamento, para as questões que vão além do Direito e que são fundamentais para a concretização do seu sonho. Abrir um escritório – e prosperar com ele – é muito mais do que ser um bom advogado. É preciso gestão.

Ocorre que uma administração tradicional nem sempre é capaz de lidar com um cenário de enorme incerteza – típico do início de uma instituição startup –, em que ainda não se sabe ao certo quem serão os seus clientes e até mesmo como serão os seus produtos e serviços.

Nos próximos capítulos, abordaremos um modelo de gestão diferente, o da ADVOCACIA STARTUP, que tem a pretensão de fornecer elementos para construção e administração – começando do zero, inclusive financeiro – de um escritório "tipo startup". O conteúdo abordará todos os aspectos necessários para, da maneira mais segura e previsível possível, tornar viável este caminho de empreendedorismo também na advocacia.

PARTE UM

PRELIMINARES DE MÉRITO

"O MOTIVO PRINCIPAL PARA O SUCESSO DA EXECUÇÃO EMPODERADA ESTÁ NO QUE VEIO ANTES DELA: A BASE DE CONSCIÊNCIA COMPARTILHADA."

SANTLEY MCCHRYSTAL

PREPARAÇÃO

O QUE É PRECISO FAZER ANTES DE PARTIR PARA A EXECUÇÃO. OS TRÊS PREPARATIVOS INICIAIS DE UMA STARTUP-ESCRITÓRIO DE ADVOCACIA. O MITO DO EMPREENDEDOR E A IMPORTÂNCIA DE EQUILIBRAR OS TIPOS DE PERFIL DE SÓCIO FUNDADOR. O RELACIONAMENTO ENTRE SÓCIOS E A CRIAÇÃO DE UM IDEÁRIO COMUM. A IMPORTÂNCIA DE SE TER UMA ATITUDE MENTAL PROGRESSIVA.

| QUANDO ESTAMOS PRONTOS PARA COMEÇAR?

Antes de tudo, um alerta: a parte preliminar esconde uma grande armadilha. Se, neste momento, não houver o devido cuidado, o *medo de começar* pode, pouco a pouco, lhe paralisar – utilizando, para isso, a confortável justificativa *"você não está suficientemente preparado para iniciar a jornada"*.

Lembrando a citação do Prólogo, não por acaso o maior temor de Amyr Klink era, simplesmente, *nunca partir* – nunca dar a primeira remada do seu projeto. O navegador tinha receio de que o *medo de começar a viagem* superasse a *vontade de percorrê-la*.

Faz todo sentido. A procrastinação, disfarçada pela necessidade de mais preparo, é um labirinto muito sedutor e de fácil convencimento.

Por outro lado, a ânsia para vencer esse grande medo não pode dar lugar à falta de cuidado antes do efetivo início.

De tudo isso, emerge uma clara lição:

Não importa o quanto você se prepara, sempre haverá algo a ser descoberto e aprendido ao longo da jornada, mesmo após a sua partida. Ter ciência disso não pode ser algo paralisante. Pelo contrário: é preciso compreender que a fase preliminar necessita de um fim, independentemente de sabermos que mais aprendizados estão por vir. Só assim você pode dar início à verdadeira caminhada.

Agora, como descobrir até onde devemos ir nesta fase que antecede o "mérito"?

Para chegar à compreensão acertada sobre estes limites, é importante, antes de tudo, entender que a ADVOCACIA STARTUP é, em sua essência, *aprender ao longo do caminho* (e saber como fazer isso sem se atrapalhar e comprometer o negócio). Podemos dizer que a ideia está bem representada na máxima *"figure out as you go"* (desvende enquanto você avança).

Este processo de aprendizado só acontecerá corretamente se três elementos estiverem em plena harmonia: (1) pessoas preparadas; (2) metodologias compreendidas; e (3) base estruturada. São estes os três pontos que te orientarão a entender os limites da fase preliminar. Fechado este trio, será hora de prosseguir.

Não à toa, temos três capítulos nesta Parte Um do livro: cada um aborda um dos três elementos. O atual – "PREPARAÇÃO" – é o responsável por apresentar o necessário para munir o empreendedor-advogado, em seu aspecto pessoal, com as melhores condições para poder iniciar a "Etapa 1" da jornada de aprendizados, de construção do negócio. Vejamos:

| O QUE VEM ANTES DA ETAPA 1

Amyr Klink precisou, dentre as tarefas de sua preparação, construir um barco capaz de aguentar as adversidades da navegação; planejar com cuidado a sua alimentação; traçar uma estratégia a ser seguida; e, não menos importante, fortalecer-se mentalmente, enquanto indivíduo, para a jornada. Você, empreendedor-advogado, precisará, tal como o navegador, providenciar diversos preparativos. Dentre eles, também estão os que se relacionam às pessoas dos sócios.

Basicamente, existem três preparativos de ordem pessoal, com foco nos fundadores. À primeira vista, eles podem parecer bobagem, mas não se deixe enganar por este tipo de pensamento.

Para demonstrar a devida importância já do primeiro destes preparativos, faço referência a um outro famoso best-seller: *O mito do empreendedor*, de Michael Gerber.

Nessa obra, o autor explica por que algumas empresas não conseguem prosperar e crescer em função da mentalidade de seus donos. De acordo com Gerber, boa parte dos fundadores de novos negócios supõe que, por entenderem da parte técnica, naturalmente também possuem o conhecimento suficiente sobre como a empresa (no caso aqui, o escritório de advocacia) deve funcionar.

Este é o primeiro grande erro que o advogado deve evitar ao empreender: acreditar que o conhecimento jurídico é suficiente para abrir o seu negócio.

Tenha em mente, já de início, que, em relação aos fundadores, é necessário congregar três perfis de dono: o perfil *empreendedor*, o perfil *gestor* e o perfil *técnico*.

- O PERFIL EMPREENDEDOR é aquele responsável por fornecer a visão do negócio, planejar estratégias, apontar diretrizes e oportunidades;

- O PERFIL GESTOR é o responsável por definir os sistemas, controlar finanças, medir resultados e organizar a empresa; e

- O PERFIL TÉCNICO é aquele responsável por executar tarefas e fornecer os resultados pretendidos.

Michael Gerber afirma que o perfil ideal para se iniciar um negócio é aquele que possui o equilíbrio perfeito entre as três habilidades citadas: 1/3 empreendedor, 1/3 gestor e 1/3 técnico.

A prática, contudo, segundo dados do próprio Gerber, mostra que, em geral, os sócios fundadores são 10% empreendedores, 20% gestores e 70% técnicos. No início isso não costuma ser um problema, mas, com o passar do tempo, tal desequilíbrio, se não for consertado, tende a ser uma grande barreira para o crescimento do negócio.

Este conceito é integralmente aplicável a uma STARTUP-ESCRITÓRIO DE ADVOCACIA. E é a partir daí que sintetizamos o primeiro dos três preparativos, necessários antes mesmo da Etapa 1. Neste sentido:

➢ PRIMEIRO PREPARATIVO – PERFIL DE DONO:

Buscar, desde o início da empreitada, o equilíbrio entre os três perfis de dono: empreendedor, gestor e técnico.

Obviamente, este perfil equilibrado ideal não precisa necessariamente estar presente em apenas um indivíduo. É possível dividí-lo em quantas forem as pessoas dos sócios fundadores. Isto é, por exemplo, o caso de uma STARTUP-ESCRITÓRIO que tenha três sócios: um deles tendo maior ênfase no perfil empreendedor, outro com destaque para o perfil gestor e outro com maior peso no perfil técnico.

No meu caso específico, o escritório foi fundado com dois sócios. Na base da sorte, confesso, a divisão dos perfis acabou sendo bem equilibrada: um dos sócios com o perfil empreendedor mais aflorado; outro com o perfil técnico mais realçado; e os dois bem complementares no perfil gestor.

Portanto, se você pretende abrir o seu negócio junto com algum(ns) parceiro(s), atenção na escolha do(s) seu(s) sócio(s) e, mais ainda, na percepção e distribuição dos "perfis de dono".

Esse ponto, aliás, traz o gancho para o segundo degrau de preparação: *a criação de uma ideário comum entre os sócios.*

Mais do que formar o equilíbrio entre os perfis de dono, os sócios precisam descobrir e fazer com que os seus ideais comuns passem a integrar os valores do próprio escritório, como uma espécie de "princípios gerais", visando a orientação de decisões.

O objetivo é fazer com que os sócios, mesmo discordando – o que vai acontecer, mais cedo ou mais tarde – consigam decidir qual é o caminho mais adequado para o desenvolvimento do escritório.

De maneira mais prática, podemos sintetizar da seguinte forma:

➢ SEGUNDO PREPARATIVO – IDEÁRIO COMUM:

Definir, previamente, os valores e ideias comuns entre os sócios, de tal forma que o ideário formado sirva de apoio para a resolução de eventuais discordâncias surgidas no futuro entre os mesmos.

Toda relação de sociedade ou parceria pode sofrer com o conflito de interesses ou percepções. A IDEÁRIO COMUM DOS SÓCIOS surge para representar o grupo de valores que, partilhados pelos sócios gestores, norteiam a administração do negócio e, principalmente, a forma pela qual estes gestores devem resolver os eventuais conflitos de pensamento em relação ao posicionamento estratégico da sociedade. Neste sentido, ocorrendo qualquer divergência, a solução passará por revisitar os elementos definidos como parte do ideário e, então, retomar a análise, até chegarem na decisão final.

No meu caso em particular, para exemplificar, eu e meu sócio definimos que o nosso ideário teria cinco elementos básicos: (1) *postura responsável* (ou, em outras palavras: política "pé no chão"); (2) *senso de time* (ou "todo mundo acerta junto e todo mundo erra junto"); (3) *dialética* (no sentido de diálogo com privilégio à argumentação racional de ideias, com cuidado para que uma posição não fosse definida com base apenas em sorte ou pressentimentos); (4) *transparência absoluta*; e (5) *ética*.

Essa simples medida (definição do ideário comum) é capaz de prever e, desde já, inibir, eventuais brigas de ego na sociedade. A percepção de que o mérito de vencer é de todos, assim como a derrota é coletiva, faz com que todos foquem naquilo que verdadeiramente importa. Simplesmente não vale a pena lutar por créditos individuais. Ao invés disso, o foco é pelo sucesso do negócio como um todo.

Cientes disso, passemos para o terceiro preparativo – que, assim como o anterior, aproveita um gancho do seu antecessor.

A existência de um IDEÁRIO COMUM DOS SÓCIOS, necessário para combater eventuais divergências, remonta à importância de se ter uma atitude mental progressiva. Afinal, fique certo: você VAI cometer falhas – e quando isso acontecer é fundamental que se saiba a melhor maneira de lidar com elas.

A atitude mental progressiva pode se desdobrar em diversos aspectos. Um deles é a RESILIÊNCIA[8] (palavra da moda, mas muito importante), necessária para superar eventuais perdas e, então, crescer a partir delas. Outro é a MANUTENÇÃO DA "MENTE ABERTA", virtude que acompanha a quem segue estudando, se atualizando e permanecendo atento às novidades, sem pré julgamentos. A partir da soma entre os dois, pode-se dizer que uma atitude mental progressiva faz com que encaremos as dificuldades existentes como uma oportunidade de crescimento e evolução.

A psicóloga Carol Dweck, da Universidade de Stanford, ao pesquisar sobre o assunto[9], constatou que a maneira como nós enfrentamos e reagimos às situações da vida são até mais relevantes do que as próprias habilidades ou talentos que possuímos. Em seus estudos, Dweck defendeu que uma atitude mental progressiva é o fator principal para qualquer sucesso – mais até do que o talento.

De acordo com a autora, você está muito mais perto de ter êxito em sua vida se: primeiro, encara as situações, sobretudo as dificuldades, de frente, como elas de fato se apresentam; e, segundo, se, a partir dessa noção da realidade,

---

[8] O dicionário Michaelis assim define: "1 FÍS Elasticidade que faz com que certos corpos deformados voltem à sua forma original. 2 FIG Capacidade de rápida adaptação ou recuperação." (www.michaelis.uol.com.br).

[9] Vide DWECK, Carol. Mindset. Ed. Objetiva. 2017.

você acredita que possui o poder para aprender com a experiência e, então, mudar, se necessário.

Eis aí, então, o TERCEIRO PREPARATIVO que se deve ter em mente:

> TERCEIRO PREPARATIVO – ATITUDE MENTAL PROGRESSIVA:

Ter ciência de como funciona e, assim, preservar em si mesmo, desde o início, uma atitude mental progressiva, de tal forma que essa atitude te auxilie a buscar, mesmo diante de situações desfavoráveis, soluções capazes de trazer a melhora do time.

Essa atitude mental progressiva é um requisito fundamental para que você tenha sucesso empreendendo através dos conceitos de uma STARTUP-ESCRITÓRIO DE ADVOCACIA. Afinal, pelo modelo de desenvolvimento "repetível e escalável" de uma startup, o escalamento, conforme iremos aprofundar, está justamente atrelado ao ato de avaliar a situação, aprender com os movimentos feitos anteriormente e, a partir daí, aperfeiçoar a sua movimentação para conseguir fazê-la cada vez melhor, subir mais e mais rápido, sem tropeços ou escorregões.

Acertados os três preparativos atrelados às pessoas dos sócios, o próximo passo da fase preliminar será identificar e compreender o funcionamento das metodologias empreendedoras e suas respectivas habilidades, necessárias para desenvolvimento de uma STARTUP-ESCRITÓRIO DE ADVOCACIA. Vejamos no próximo capítulo.

METODOLOGIAS

O QUE DEFINE UMA STARTUP-ESCRITÓRIO DE ADVOCACIA. OS TRÊS PRINCÍPIOS DA METODOLOGIA LEAN. OS CINCO PRINCÍPIOS DA METODOLOGIA EFFECTUATION. A IMPORTÂNCIA DA HIPÓTESE INICIAL.

| O QUE FAZ UM ESCRITÓRIO DE ADVOCACIA SER "TIPO STARTUP"?

Desenvolver uma startup – incluindo uma STARTUP-ESCRITÓRIO DE ADVOCACIA – é uma atividade que envolve a criação e o desenvolvimento de uma organização completa, tal como uma empresa. Trata-se, portanto, de uma tarefa de administração.

Até aí, nenhuma novidade em relação a qualquer outro escritório de advocacia, mesmo os tradicionais – que, logicamente, também precisam ser administrados.

Cientes dessa evidente semelhança, brota, inevitavelmente, a indagação: qual é, então, o diferencial do modelo ADVOCACIA STARTUP de empreendedorismo e gestão?

O ponto de partida para responder a essa pergunta está na compreensão da principal habilidade que o empreendedor-advogado, uma vez preparado, precisa lançar mão: a capacidade de aplicar à sua própria realidade os princípios formadores das metodologias empreendedoras, *LEAN* e *EFFECTUATION*. O entendimento destes dois métodos – para futura adaptação deles – é, portanto, matéria que precisa ser abordada antes mesmo de questões como "valores

37

institucionais", "cultura organizacional", "propósito", "áreas funcionais" e "operações essenciais". Estas ficarão para os capítulos seguintes.

A primeira das metodologias – LEAN, ou ENXUTA, disseminada por Eric Ries, em seu livro *The Lean Startup* – consiste em uma lógica de desenvolvimento de negócio baseada em permanente aprendizado, a partir de uma rigorosa medição de dados e ciclos de testes recorrentes, visando o aperfeiçoamento. Se bem aplicada, a técnica fornece ao escritório a preciosa habilidade de entender o alcance da totalidade de suas operações e estratégias, de forma a calcular melhor os seus riscos, investimentos, acertos e erros. Dirigida sob estes moldes, armada com a principal ferramenta para perseguir o progresso, a organização tem consigo a enorme tendência de trilhar um caminho de constante (mas não necessariamente linear) crescimento.

A principal inspiração para a *Lean Startup* está no modelo de produção enxuta, promovido por Taiichi Ohno e Shigeo Shingo, na Toyota. Basicamente, Ries estudou e aplicou os fundamentos da empresa japonesa – como o aproveitamento do conhecimento e da criatividade de cada empregado, a redução do tamanho de lotes, a produção *just in time*, o controle de estoque e a aceleração do tempo de ciclo – e amoldou estes conceitos ao contexto do empreendedorismo. Propôs, como uma importantíssima diferença em relação aos japoneses, que a base do progresso não fosse apenas a verificação dos números de produção, mas sim o aprendizado mensurado de forma contextualizada – algo que ele chamou de "aprendizagem validada".

Por meio da sua metodologia, Ries criou um conjunto de práticas para ajudar os empreendedores a aumentar as chances de desenvolver uma startup de sucesso, superando as incertezas naturais deste caminho.

Neste aspecto, inclusive, vale aqui relembrar que a resposta de Eric Ries para a pergunta "O QUE SERIA UMA STARTUP?" tem como diferencial justamente a presença do fator "condições de extrema incerteza"[10].

A resposta – que foi propositalmente genérica, por conta da infinidade de áreas em que o método pode ser aplicado – nos ajuda a entender também por que uma STARTUP-ESCRITÓRIO DE ADVOCACIA se diferencia, desde o início, de um escritório de advocacia tradicional. A metodologia enxuta, quando aplicada ao contexto da advocacia, se mostra completamente incompatível com o que o senso comum acredita ser necessário para se iniciar uma sociedade de advogados. Ao levar em consideração, desde o princípio, uma condição de "extrema incerteza", a aplicação da metodologia enxuta estimula o empreendedor-advogado a criar, enquanto já iniciado o negócio, os mecanismos necessários para desenvolvê-lo de maneira eficiente, ao passo que diminui progressivamente as condições de incerteza.

É isso que a ADVOCACIA STARTUP possibilita: desenvolver um escritório de advocacia próspero, mesmo partindo de condições tão incertas (como, por exemplo, ausência de clientes e pouco capital inicial).

Embora Ries tenha originalmente pensado no método voltado para empresas que se dedicam à concepção de novos produtos, as premissas adotadas podem ser facilmente adaptadas à realidade de uma sociedade de advogados. Faz-se o paralelo de que o escritório de advocacia em si, como um

---

[10] De acordo com o autor, uma startup pode ser definida como "uma instituição humana projetada para criar novos produtos e serviços sob condições de extrema incerteza.", vide RIES, Eric. *A Startup Enxuta*. Ed. Leya. 2011. Página 24.

todo, é o produto inovador que está sendo criado. Afinal, a ideia aqui é justamente fazer diferente do que o modelo tradicional de um escritório de advocacia faz, inclusive na forma como o mesmo lida com seus relacionamentos – internos, entre agentes, e também externos, com clientes e parceiros.

E melhor: ainda que você não inicie debaixo de uma "extrema incerteza", ou mesmo que consiga se livrar dela no futuro (o que se espera que aconteça), a manutenção do método enxuto te permite prosseguir com o seu desenvolvimento de forma inteligente, aperfeiçoando seus procedimentos e crescendo de maneira sustentável.

Além da LEAN, há, conforme falamos, uma segunda metodologia que precisa estar enraziada na mentalidade do empreendedor-advogado.

Essa segunda metodologia – EFFECTUATION , criada por Saras Sarasvathy[11] – consiste em uma lógica de ação empreendedora baseada no desenvolvimento de uma atividade a partir dos elementos que já estão disponíveis para o empreendedor naquele momento. Trata-se de um processo que torna possível abrir e comandar uma empresa mesmo diante de um cenário futuro desconhecido e imprevisível (a "extrema incerteza", também falada por Ries). O empreendedor utiliza dados reais, de maneira criativa, aumentando as suas chances de sucesso.

A origem da EFFECTUATION (ou "ABORDAGEM EFETIVA") veio de uma pesquisa feita por Saras com diferentes empreendedores bem sucedidos. O objetivo era entender como funcionava para estes empreendedores o processo de

---

[11] SARASVATHY, Saras D.. *Effectuation: Elements of Entrepreneurial Expertise*. Ed. Edward Elgar Pub. 2009.

criação de um negócio e, assim, entender também qual seria o melhor caminho para se chegar até o sucesso. No processo, ao invés da autora perguntar diretamente sobre os pontos de vista de cada um deles, ou até mesmo sobre a historia por eles percorrida, ela preferiu entregar a todos uma narrativa de 17 páginas contendo o cenário de um caso que deveria ser resolvido. Como resultado, de um grupo de 23 empreendedores, surgiram 28 ideias de negócio – todas em mercados diferentes e com abordagens bastante variadas. Partindo de um mesmo contexto, cada empreendedor enxergou diferentes soluções. Apesar das varias alternativas imaginadas, Saras conseguiu perceber alguns padrões de pensamento – o que ela acabou considerando como os "princípios do *EFFECTUATION*".

A grosso modo, a *ABORDAGEM EFETIVA* é contraposta à abordagem "causal": ao invés de se olhar para um futuro desejado e, então, depois, pensar no que é necessário para ocasionar este cenário almejado, o empreendedor que aplica a *EFFECTUATION* volta as suas atenções para o que ele já tem disponível no presente momento e, então, a partir daí, pensa no que é possível gerar com estes elementos. Em suma, podemos dizer que: na abordagem tradicional, as *causas geram ações*; enquanto na *ABORDAGEM EFETIVA*, as *ações geram efeitos*. O mais bem sucedido tende a ser aquele que melhor enxerga as "armas" do presente e sua gama de possibilidades; e não exatamente aquele que melhor consegue idealizar o futuro. A habilidade de tirar o máximo proveito do presente pode ser mais recompensadora do que a clareza sobre onde se quer chegar.

Estas duas metodologias unidas – que, de certa forma, são complementares – formam a principal ferramenta do modelo ADVOCACIA STARTUP de desenvolvimento de um escritório. A partir desta concepção, eu e meu sócio iniciamos a nossa sociedade de advogados com ZERO dinheiro em caixa e ZERO clientes mensais.

Aos poucos, aplicando, de maneira conjunta, os dois métodos, crescemos, investimos em nós mesmos e, hoje, felizmente, construímos uma sólida segurança operacional e financeira.

A seguir, abordaremos os princípios fundamentais de ambas as metodologias, para melhor compreensão do que elas representam. Depois, no decorrer do livro, veremos, de maneira mais prática, exemplos de como elas podem ser adaptadas para funcionar à realidade de um escritório de advocacia em formação e desenvolvimento.

| TRÊS PRINCÍPIOS FUNDAMENTAIS PARA COMPREENSÃO DA METODOLOGIA *LEAN*:

A ADVOCACIA STARTUP tem em seu cerne três princípios da metodologia de Eric Ries. Cada um deles tem a sua importância – e todos se relacionam entre si. Vejamos:

➢ PRIMEIRO PRINCÍPIO – "APRENDIZADO VALIDADO":

O aprendizado é a unidade de medida de qualquer startup. A própria existência dela como empreendimento já é, por si só, voltada para o objetivo de aprender a desenvolver sustentavelmente um determinado negócio. Esta constante aprendizagem pode ser validada cientificamente através de experimentos frequentes, que permitem aos empreendedores testar cada elemento de sua estratégia.

Todo aprendizado deve ser "verificado" – uma verdadeira inferência a partir de dados coletados empiricamente, por meio de testes que buscam "validar" o conteúdo aprendido, para dar respaldo ao mesmo ou evidenciar um ponto que precisa ser melhorado.

Para que estes dados, por sua vez, deem suporte a uma inferência válida, é preciso que eles sejam *Acionáveis* (mostrar causa e efeito claros, relacionados às mudanças implementadas no produto analisado), *Acessíveis* (no sentido de poderem ser analisados por todos da equipe) e *Auditáveis* (no sentido de serem confiáveis, fidedignos à realidade dos fatos, sem que despertem desconfiança neste sentido).[12]

Trocando em miúdos, podemos dizer que o aprendizado validado é aquele que se baseia numa coleta de dados reais, e não em presunções sem respaldo a respeito do futuro. Com este aprendizado, o empreendedor terá sustentação para traçar novas estratégias a serem implementadas em seu negócio ou produto.

➢ SEGUNDO PRINCÍPIO – "CICLO CONSTRUIR-MEDIR-APRENDER":

Absolutamente todas as atividades de uma startup devem observar este ciclo. Basicamente, ele se reflete em seis movimentos:

1) Partindo de um "ato de fé"[13], transforma-se uma ideia em um *produto mínimo viável* (que pode ser também um serviço ou forma de atuação);

---

[12] Eric Ries chama este ensinamento de os "três As" que as métricas do aprendizado validado devem seguir. Vide seu livro *O Estilo Startup*. Ed. Leya. 2018.

[13] Eric Ries lembra que "*a Startup Enxuta é projetada para operar em situações em que enfrentamos uma incerteza tão extrema que não conseguimos prever o que pode acontecer. Nessa circunstância, o melhor que podemos fazer é formular um conjunto de hipóteses – no sentido científico – do que gostaríamos de ver acontecer. Essas hipóteses são denominadas suposições do tipo "ato de fé".*" – trecho do livro *O Estilo Startup*. Ed. Leya. 2018.

2) Mede-se rigorosamente como os receptores/clientes deste produto reagem;

3) Tomando como base as informações colhidas, faz-se a leitura dos resultados buscando aprender o que funcionou e o que não funcionou;

4) A partir da análise feita, decide-se se é o caso de "perseverar" (manter a estratégia) ou "pivotar"[14] (mudá-la ou aperfeiçoá-la);

5) Executa-se a decisão tomada, alterando ou mantendo o *produto mínimo viável*; e, então,

6) Tendo um novo produto – isto é, o *produto mínimo viável* com as alterações – recomeça-se o ciclo.

Seguindo este roteiro fielmente, em qualquer atividade que se faça, o caminho natural será sempre o da evolução, demore esta um pouco mais ou um pouco menos.

➤ Terceiro princípio – "Contabilidade para inovação":

A interpretação dos números deve se dar de maneira atenta ao objetivo do negócio, e não necessariamente ao imediatismo dos resultados. A contabilidade deve ser pensada de maneira sincronizada com a unidade de medida de uma startup – o aprendizado.

Os dados computados em relação a qualquer ponto devem ser capazes de indicar aos empreendedores qual dos dois caminhos possíveis (perseverar ou pivotar) deverá ser escolhido pela instituição. E isso não necessariamente

---

[14] "Pivotar" é o aportuguesamento de "*to pivot*", do inglês, que pode ser traduzido como "mudar", "girar", "prover de eixo". Tem-se, através dessa palavra, a ideia de que qualquer tipo de mudança é possível, inclusive uma mudança radical, que mude completamente o "eixo" do produto/serviço/atuação, mas sem mudar a sua visão institucional e propósito.

corresponderá à frieza de números que medem resultados matematicamente.

Mantendo esse princípio sempre ativo, os riscos ficam constantemente sob controle e a estratégia traçada segue em permanente avaliação. A ideia é fazer com que o empreendedor seja capaz de "quantificar" de maneira inteligente – e não apenas numérica – o aprendizado que o levará ao melhor desenvolvimento do produto/serviço buscado.

| CINCO PRINCÍPIOS FUNDAMENTAIS PARA COMPREENSÃO DA METODOLOGIA *EFFECTUATION*:

A metodologia de Saras Sarasvathy também empresta os seus cinco princípios fundamentais para compor o modelo da ADVOCACIA STARTUP. Em resumo, podemos conceituá-los da seguinte forma:

➢ PRIMEIRO PRINCÍPIO – "PÁSSARO NA MÃO":

Ao invés de se deixar paralisar pela constatação de tudo aquilo que ainda lhe falta, o empreendedor deve agir a partir dos elementos que estão, desde já, ao seu alcance. Para melhor visualizar estes elementos que estão disponíveis no momento presente (isto é, os "pássaros" que estão "na mão", e não "voando"), Saras sugere que o potencial empreendedor comece respondendo a si mesmo três perguntas simples: (1) *Quem sou eu?*; (2) *O que eu sei?*; e (3) *Quem eu conheço?*[15]. A partir destas respostas, é que será possível identificar quais

---

[15] SARASVATHY, Saras D.. *Effectuation: Elements of Entrepreneurial Expertise*. Ed. Edward Elgar Pub. 2009.

são as suas "armas" e, então, tendo ciência delas, traçar as suas possibilidades de atuação.

➢ SEGUNDO PRINCÍPIO – "PERDAS ACESSÍVEIS":

O empreendedor deve ser capaz de avaliar o que, para ele, é aceitável perder em razão da sua inicitativa. Toda oportunidade deve ser analisada não apenas pelo seu potencial resultado positivo, mas também pela compreensão de quais são as perdas possíveis em caso de cenário negativo – e, mais do que isso, se tais perdas são aceitáveis ("valem o risco" da tentativa). Se bem observado, este princípio é capaz de fazer com que o empreendedor encontre o seu melhor "tom" para agir, minimizando riscos, dentro do possível, e controlando as suas próprias expectativas.

➢ TERCEIRO PRINCÍPIO – "COLCHA DE RETALHOS" (PARCERIAS):

Trata-se da construção de parcerias com pessoas e organizações que estejam de fato comprometidas em ajudá-lo na construção do seu projeto. São parceiros chave que, vindo desde o começo, reduzem a sua margem de incerteza e amplificam a força das suas atividades.

➢ QUARTO PRINCÍPIO – "LIMONADA" (ADAPTABILIDADE):

Complementar ao nosso TERCEIRO PREPARATIVO (ATITUDE MENTAL PROGRESSIVA) mencionado no capítulo anterior, o princípio "limonada" tem sua origem no famoso ditado popular "Se a vida lhe der limões, faça uma limonada". Trata-se de um princípio que se baseia na ideia de

46

"adaptabilidade", no sentido de se ter habilidade para lidar com contingências e flexibilizar-se para as adaptações necessárias. Os empreendedores que seguem este princípio são aqueles que estão abertos ao fator surpresa, e interpretam desafios de forma a transformá-los em oportunidades.

> ➢ QUINTO PRINCÍPIO – "CONTROLAR O CONTROLÁVEL":

O empreendedor precisa ter foco nas atividades que estão dentro do seu controle. Não é necessário prever o futuro com exatidão. O pensamento preponderante deve ser o de que o futuro não é algo para ser previsto, mas sim para ser construído, a partir de ações atuais (estas sim, controláveis).

| A IMPORTÂNCIA DA HIPÓTESE INICIAL

Assim como na ciência, os experimentos no mundo dos negócios também partem de uma HIPÓTESE INICIAL – a qual, por sua vez, servirá de base para a elaboração de um MÍNIMO PRODUTO VIÁVEL (termo que ainda será mais aprofundado, mas cujo nome já se explica bastante), que então será testado.

O ingrediente necessário para transformar a HIPÓTESE INICIAL em um MÍNIMO PRODUTO VIÁVEL é a possibilidade de aplicação dos princípios acima citados. Isto é, o primeiro modelo pensado (ou a primeira "hipótese de escritório", trazendo para o contexto da ADVOCACIA STARTUP) deverá ser um modelo capaz de observar aos TRÊS PRINCÍPIOS FUNDAMENTAIS DA METODOLOGIA ENXUTA ao mesmo tempo que leva em consideração os CINCO PRINCÍPIOS FUNDAMENTAIS DA METODOLOGIA DA ABORDAGEM EFETIVA.

Essa aplicação das metodologias, alias, acontecerá em praticamente todas as atividades do negócio, principalmente no início do empreendimento. Afinal, o "produto" STARTUP-ESCRITÓRIO nada mais é do que o resultado da soma de vários outros pequenos "produtos" (ou "atividades"), que, por sua vez, também terão como ponto de partida as suas respectivas hipóteses iniciais (ou "atos de fé").

O exercício de testar, através da METODOLOGIA *LEAN*, se essas hipóteses iniciais imaginadas são verdadeiras ou falsas, te deixará cada vez mais perto de alcançar a "versão ideal" do seu produto – independentemente do seu pensamento inicial ter se mostrado acertado ou não. O resultado real, revelado pelos testes, o conduzirá inevitavelmente para os caminhos mais promissores.

Da mesma forma, o planejamento, através da METODOLOGIA *EFFECTUATION*, dá ao empreendedor a sabedoria necessária para ser mais preciso em suas escolhas. O entendimento correto da realidade e das possibilidades proporciona o foco necessário para manter-se em movimento.

Isso poderá envolver, por exemplo, uma ideia sobre certa divisão interna de responsabilidades da equipe, ou sobre a adoção de uma determinada estratégia processual para um tipo de caso, sobre maneiras de atração de clientes ou, até mesmo, sobre a contratação de serviços de limpeza e manutenção.

Em resumo, condensando os conceitos abordados neste capítulo, podemos dizer que a dinâmica que orienta o desenvolvimento de organizações, pela união das duas metodologias, é regida pelos seguintes passos:

- 1º PASSO:

Com base na sua hipótese / "ato de fé", você planeja o seu produto/serviço/atuação – atento aos elementos que tem disponível (incluindo potenciais parceiros) e às perdas acessíveis – e o lança para testes;

- 2º PASSO:
  Durante e após os testes, você mensura, da maneira mais precisa possível, os resultados obtidos com esta execução;

- 3º PASSO:
  Estudados os resultados, você aprende, objetivamente, o que funcionou e o que não funcionou, atento ao objetivo maior do negócio, e não apenas à frieza dos números;

- 4º PASSO:
  A partir deste aprendizado, você tira as suas conclusões e formula novas suposições, adaptando o que couber ser adaptado, alterando a hipótese e produto originalmente pensados;

- 5º PASSO:
  Aplica-se, o quanto possível, no produto/serviço/atuação, as alterações oriundas desse aprendizado, de modo a formar um novo produto/serviço/atuação, agora aperfeiçoado. As alterações são baseadas nas medições e conclusões anteriores, e não necessariamente corresponderão ao que era imaginado como passo ou resultado futuro;

- 6º PASSO:

Com este novo produto/serviço/atuação, reinicia-se o ciclo, de novo e de novo.

Compreendidos estes seis passos, entendidas as habilidades relacionadas às metodologias empreendedoras, e já cientes dos preparativos relativos às pessoas dos sócios, passemos, no capítulo seguinte, para o estudo daquilo que forma a "base estruturada" – nessária para a construção de uma STARTUP-ESCRITÓRIO DE ADVOCACIA.

BASE DE UMA STARTUP-ESCRITÓRIO DE ADVOCACIA

A IMPORTÂNCIA DA CULTURA ORGANIZACIONAL. OS CINCO PILARES NECESSÁRIOS AO DESENVOLVIMENTO DA CULTURA ORGANIZACIONAL DE UMA STARTUP-ESCRITÓRIO DE ADVOCACIA. PRIMEIRO PILAR: CRIAÇÃO DE UM PROPÓSITO. SEGUNDO PILAR: SIMPLICIDADE, NOTADAMENTE PELA UTILIZAÇÃO DE INTERFACES SIMPLES E ORGANIZADAS. TERCEIRO PILAR: ADOÇÃO DE ROTINAS QUE INCENTIVEM À TRANSPARÊNCIA, INTERNA E EXTERNAMENTE, À COLABORAÇÃO DA EQUIPE, CRIATIVIDADE E FACILIDADE NO GERENCIAMENTO DE TAREFAS. QUARTO PILAR: CAPACIDADE DE AUTOAVALIAÇÃO, COM CONSTANTE MONITORAMENTO E ANÁLISE DE DADOS. QUINTO PILAR: REINVESTIMENTO.

Chegamos ao último capítulo da fase preliminar. Até aqui, observamos, em um primeiro momento, a importância dos três preparativos relacionados às pessoas dos sócios (o equilíbrio entre os três perfis de dono; o estabelecimento de um ideário comum entre eles, para auxílio na resolução de conflitos; e a consciência de se ter uma atitude mental progressiva, de enfrentamento da realidade e busca por soluções); depois, como um segundo ponto, falamos sobre os métodos que devem ser aplicados durante o processo de construção e desenvolvimento de uma STARTUP-ESCRITÓRIO DE ADVOCACIA (dissecamos os princípios fundamentais das metodologias *LEAN* e *EFFECTUATION* e, mais do que isso, vimos como estes princípios devem ser observados já na elaboração da Hipótese Inicial e na criação do Mínimo Produto Viável).

Agora, como passo seguinte, abordaremos o tratamento da sua "base estruturada" – uma espécie de "superfície" (em uma comparação bem simplista com o que seria uma obra) onde será construído o seu negócio. Trata-se do momento imediatamente anterior à efetiva execução/construção do seu MÍNIMO PRODUTO VIÁVEL.

Finalizada esta etapa, você terá o "terreno" preparado, pronto para iniciar a construção da sua STARTUP-ESCRITÓRIO DE ADVOCACIA.

| CULTURA ORGANIZACIONAL

As metodologias vistas no capítulo anterior são, embora fundamentais, apenas técnicas – verdadeiros instrumentos que podemos utilizar para o desenvolvimento do empreendimento, mas que, por si só, não representam garantia de bons resultados a longo prazo. Para que este sucesso aconteça, e se construa uma startup sólida, com futuro, é necessário formar uma organização de funcionamento superior, comprometida, fazendo uso de tais técnicas.

Hoje, as instituições visionárias não são aquelas que cultuam individualidades – centradas em torno de um fundador, presidente ou CEO carismático. Ao contrário: são visionárias aquelas que cultivam os seus próprios valores centrais enquanto organização, crescendo a partir deles.

Da mesma forma – mas na contramão da maioria das sociedades de advogados –, para fundar um escritório de advocacia visionário você precisará deixar o ego de lado e pensar no crescimento do seu negócio a partir de uma CULTURA ORGANIZACIONAL.

Esse conceito pode ser entendido como uma base – a tal "superfície", preparada e adequada – para a construção de uma instituição com identidade própria.

No caso de uma STARTUP-ESCRITÓRIO DE ADVOCACIA – que, desde o seu pontapé inicial, tem como proposta fugir do padrão de um escritório de advocacia tradicional – é bastante importante que esta "superfície" seja montada com a devida atenção à sua natureza.

A relevância desta etapa é gigantesca:

Ao longo do percurso, o produto-escritório certamente sofrerá mudanças (afinal, faz parte da sua essência a constante otimização); a estratégia adotada poderá igualmente ser alterada; contudo, o que não mudará – ou, no máximo, receberá um ou outro ajuste – será a CULTURA ORGANIZACIONAL da startup, que terá o papel de representar a visão institucional do negócio.

Essa visão será aquilo que auxiliará o empreendedor-advogado a definir as suas estratégias e, consequentemente, também o que será construído como produto final. Será essa cultura que o dará a direção para compreender onde pode caminhar, crescer e prosseguir com o seu desenvolvimento. Por tal razão, ela precisa ser firme o suficiente para que ele encontre, por meio da mesma, respostas para perguntas como: "O que acreditamos?", "Com o que nos importamos?", "O que queremos ser?" e "Como queremos nos comportar e tomar decisões?".

Seguindo com a analogia – onde a CULTURA ORGANIZACIONAL seria uma base (ou uma "laje") da sua STARTUP ESCRITÓRIO DE ADVOCACIA –, proponho a criação de cinco PILARES básicos, necessários para que esta superfície se mantenha suficientemente segura para aguentar a construção. Imagine, para tornar a comparação um pouco mais visual, como se houvesse um pilar no meio e, além dele, quatro outros pilares, um em cada ponta de um quadrado, segurando o piso onde se erguerá a STARTUP-ESCRITÓRIO. Cada pilar poderá ser representado por alguns posicionamentos. Vejamos, a seguir, quais seriam.

| OS CINCO PILARES FUNDAMENTAIS DA CULTURA ORGANIZACIONAL E SEUS RESPECTIVOS POSICIONAMENTOS

> ➤ 1º PILAR: PROPÓSITO (CRIAÇÃO DE UM PROPÓSITO)

A criação de um PROPÓSITO é uma ideia defendida por diversas lideranças do mundo dos negócios. É o "Sonho Grande", de Jorge Paulo Lemman[16], ou o "PTM – Propósito Transformador Maior", de Salim Ismail, Michael Malone e Yuri Van Geest[17].

A ideia central é: a existência de um PROPÓSITO garante a união das aspirações coletivas, atrai talentos (equipe) e simpatizantes (clientes e parceiros) em harmonia aos valores

---

[16] Vide *Sonho Grande*, obra da autora Cristiane Correa, Ed. Primeira Pessoa, 2013, que relata a trajetória empreendedora do trio Jorge Paulo Lemann, Marcel Telles e Beto Sicupira.
[17] Vide *Organizações Exponenciais*, obra dos autores Salim Ismail, Michael Malone e Yuri Van Geest, Ed. Alta Books, 2015.

do escritório, e ainda fortalece a unidade da instituição enquanto time.

O PTM, segundo o trio autor da obra "Organizações Exponenciais", deve representar um pensamento realmente grande, quase inatingível, que, embora aparentemente genérico à primeira vista, possua um verdadeiro viés aspiracional – o mais alto e mais ambicioso possível para a instituição como um todo.

Como exemplos de PTM de empresas famosas, vale a pena citar o do Google: *"Organizar todas as informações do mundo"*; o do TED: *"Criar ideias que merecem ser espalhadas"*; e da X Prize Foundation: *"Trazer avanços radicais para o benefício da humanidade"*. Todos propósitos aparentemente genéricos, mas que, quando observados atentamente, não deixam dúvidas em relação à profunda ligação que têm com a identidade das respectivas empresas.

No caso do meu escritório, desenvolvemos um PROPÓSITO longo, porém representativo: *"Alterar os paradigmas da advocacia brasileira, humanizando relações, facilitando a conquista de objetivos e fazendo do Direito um instrumento de desenvolvimento de pessoas e instituições."*

Trata-se de uma frase representativa da nossa organização, que nos orienta tanto internamente quanto externamente. Ao mesmo tempo em que queremos inspirar uma mudança na forma como escritórios de advocacia lidam com seus advogados e se relacionam com seus clientes, queremos também romper com a exaltação a um *"glamour"* egoísta da profissão. Queremos um escritório que pense na qualidade de vida de quem o integra, e que da mesma forma tenha a empatia e sensibilidade necessárias para saber se colocar no lugar de seus clientes. Que seja capaz de estabelecer uma verdadeira relação de parceria e proximidade, com interações humanizadas. Queremos que tanto nossos advogados quanto nossos clientes se sintam compreendidos e protegidos. Queremos que as questões jurídicas não sejam encaradas como um estorvo, mas sim como parte da solução, da percepção da realidade, de forma tal que sejamos um porto seguro para quem quer que esteja ao nosso lado.

É a partir deste PROPÓSITO que vamos moldando nossa identidade enquanto organização. Ele nos orienta, tanto em relação a nós mesmos quanto em relação a todos que lidamos, nos fornecendo um norte para onde seguir, e nos auxiliando em como nos comportarmos diante dos cenários que venham a surgir.

> ➤ 2º PILAR: SIMPLICIDADE (UTILIZAÇÃO DE INTERFACES SIMPLES E ORGANIZADAS)

A SIMPLICIDADE é uma arte. Em especial, fazer do simples algo eficaz traz consigo um bônus de satisfação – até porque, geralmente, o simples é também o econômico e o fácil de se compreender.

Uma startup, incluindo uma STARTUP-ESCRITÓRIO DE ADVOCACIA, deve ter a simplicidade como um valor permanente. E, obviamente, também precisa ser organizada, para que consiga ser eficaz e prestar um serviço de qualidade mesmo diante de uma estrutura enxuta.

Isso tudo se reflete, principalmente, na escolha/elaboração das interfaces de trabalho. Será a partir delas que processos complexos serão organizados (e simplificados) para atores internos e externos. Por tal razão, deve-se saber pesar a quantidade certa de dados com a devida facilidade no seu manuseio, atualização e direcionamento.

Você deve ser capaz de organizar as tarefas do time como um todo, de forma inteligente e equilibrada, ao mesmo tempo que transmite, de maneira ainda mais fácil de se compreender, as informações destinadas aos clientes.

Felizmente, graças a tantos avanços tecnológicos, temos excelentes opções de ferramentas para nos auxiliar neste objetivo. Em muitos casos, a interface inicial é mais manual do que automatizada; contudo, com o tempo, a tendência é que isso vá gradualmente se desenvolvendo, conforme a equipe vai melhor compreendendo as próprias necessidades e, ainda, as demandas dos clientes.

Cito novamente um exemplo do meu escritório:

No início, ainda um pouco perdidos, nossa interface administrativa era basicamente uma planilha de Excel e uma conta conjunta do Google Drive. Essa planilha continha tudo que tínhamos na época: balanço financeiro, contato dos clientes e controle dos processos patrocinados. Aos poucos, acrescentamos agendas físicas: uma para cada sócio e também uma geral, para o escritório como um todo. Depois, essas agendas – que acabam sendo confusas – deram lugar a um grande avanço: um quadro virtual, unificado, feito através do site Trello (falaremos mais sobre ele no futuro). Depois, implementamos relatórios em Word, constantemente atualizados, para auxiliar nas estratégias processuais e na maneira de fornecer *feedback* aos nossos clientes. Em seguida, percebendo o que poderia melhorar, desenvolvemos o nosso próprio sistema, *online*, que chamamos de "Área do Cliente ADV" – apesar de servir tanto para nós, internamente, quanto para os clientes. Esse sistema, que representou um divisor de águas, unificou informações que antes estavam distribuídas entre planilhas de Excel e relatórios de Word, além de fornecer novas funcionalidades, inclusive automatizando parte do trabalho de *feedback* aos clientes.

Hoje, por termos um sistema desenvolvido por nós mesmos, conseguimos alterá-lo conforme desejamos, aperfeiçoando-o de tempos em tempos. Além do sistema, seguimos com o uso do Trello (que também foi sendo melhorado com o tempo) e do Google Drive (que, logicamente, também sofreu o mesmo processo de aprimoramento). Todas as interfaces utilizadas se comunicam, além de serem simples (mostraremos mais à frente em detalhes), baratas ou gratuitas, seguras e, claro, capazes de serem constantemente aperfeiçoadas para melhor nos servir.

> ➤ 3º PILAR: TRANSPARÊNCIA (ADOÇÃO DE ROTINAS QUE INCENTIVEM À TRANSPARÊNCIA, INTERNA E EXTERNAMENTE, À COLABORAÇÃO DA EQUIPE, CRIATIVIDADE E FACILIDADE NO GERENCIAMENTO DE TAREFAS)

Um bom ambiente de trabalho está diretamente ligado a uma alta produtividade. Toda startup é feita por pessoas; e essas pessoas precisam estar felizes, se sentindo bem, valorizadas e estimuladas no seu dia a dia. O segredo para se fazer isso se chama TRANSPARÊNCIA – e, claro, os desdobramentos daí provenientes.

O primeiro desdobramento evidente está relacionado ao bom funcionamento: não há espaço para dúvidas sobre a maneira que uma organização funciona se, em seu contexto de trabalho, todos os integrantes compartilham do mesmo conjunto de informações, fatos e estratégias.

Para que este conjunto único de fatos se reflita nos melhores resultados possíveis, é importante que sejam cultivadas RELAÇÕES HORIZONTAIS. Afinal, não é porque você, enquanto sócio, gerencia o negócio, que isso significa que outras pessoas não mereçam ou não devam ter voz. A abordagem do gestor perante o grupo precisa ser aberta à informação e todos da sua equipe precisam se sentir à vontade para expor suas ideias e dar a sua contribuição ao todo.

TRANSPARÊNCIA e RELAÇÕES HORIZONTAIS impulsionam a colaboração e a criatividade do time.

No dia a dia institucional do Google, por exemplo, os relatórios trimestrais estão disponíveis para todos os empregados – que, inclusive, recebem uma cópia. Além disso, o sistema interno da empresa guarda informações sobre a integralidade dos produtos que estão sendo desenvolvidos, deixando os dados **acessíveis** a todos os funcionários que tenham interesse em analisá-los.[18]

Trazendo novamente um exemplo pessoal:

No escritório, a nossa principal interface para gerenciamento de tarefas – o Trello – contém, em um só ambiente (cujo acesso está disponível para todos da equipe) a totalidade das tarefas cuidadas por cada um dos membros. Isto é: todos sabem o que o outro, inclusive os sócios, está fazendo, da mesma forma que todos sabem a totalidade dos prazos – próximos e distantes – que estão sob a responsabilidade da equipe.

Fazendo isso, cria-se um senso de time e responsabilidade coletiva. A pessoa que executa uma determinada tarefa está comprometida em fazê-la tanto individual quanto coletivamente. Os erros, da mesma forma, tornam-se aprendizados de toda a equipe. Uma startup bem estabelecida não fomenta, em hipótese alguma, encobrir

---

[18] Vide *Como o Google funciona*, livro de Alan Eagle, Eric Schmidt e Jonathan Rosenberg, Ed. Intrínseca, 2015.

fracassos. Pelo contrário: a busca pela verdade é um imperativo.

Ainda: ao tornar as atividades transparentes, é possível ser mais justo na distribuição das mesmas, além de, claro, permitir que os próprios membros percebam se têm condições de fornecer ajuda uns aos outros.

Essa postura é reforçada pela prática de reuniões semanais, geralmente às sextas-feiras. Nelas, fazemos um breve balanço da semana que passou, verificamos como está a distribuição de tarefas para a próxima semana e, se preciso, remanejamos o que acharmos necessário, para que a execução seja a mais equilibrada e eficiente possível. Além disso, nesta ocasião, fazemos questão de ouvir a opinião de todos, debatemos estratégias de maneira igual, do estagiário ao sócio, sem qualquer peso de hierarquia, e nos mantemos abertos à exposição de ideias – inclusive, todo "não" a uma ideia deve ser fundamentado. Para completar, incentivamos um ambiente descontraído: com frequência, pedimos uma comida diferente, conversamos sobre assuntos fora da pauta profissional e até jogamos algum jogo, antes ou depois da reunião.

Outro ponto de TRANSPARÊNCIA que contribui positivamente para a equipe é a utilização de uma plataforma de compartilhamento de arquivos comuns – no caso, um Google Drive, que se comunica com as demais plataformas utilizadas. A existência desse *drive* único estabelece, naturalmente, uma colaboração permanente entre os membros da equipe (além de facilitar bastante o *Home Office*). Todos possuem acesso aos arquivos do escritório, incluindo peças processuais, pareceres, estudos, relatórios, contratos, procurações e qualquer outro documento que tenha sido armazenado por nós.

Isso tudo contribui para a leveza do ambiente e ainda facilita a própria organização do escritório.

Outro ponto bastante relevante, ainda dentro do elemento TRANSPARÊNCIA, é a CLAREZA quanto aos valores e critérios de remuneração.

Não há sentimento mais prejudicial para o desenvolvimento saudável de uma organização do que o de alguém se sentindo explorado. Portanto, não se transforme naquele tipo de chefe que acha justo a exploração, financeira ou laboral, de sua equipe. Torne os números claros e transparentes para que todos os integrantes da sua STARTUP-ESCRITÓRIO percebam que há justiça na distribuição dos ganhos. E, o quanto possível, seja você mesmo um exemplo dessa transparência. Estimule, através das suas ações, o fortalecimento deste conceito.

Neste ponto, remeto novamente a um exemplo pessoal (importante frisar: trata-se apenas de um exemplo):

Para reforçar valores como TRANSPARÊNCIA, COLABORAÇÃO DE EQUIPE e JUSTIÇA, adotamos, em nosso escritório, a seguinte regra quanto ao bônus de participação nos lucros: distribuição absolutamente igualitária, independentemente do cargo ocupado pelo profissional. Isto é: não importa se você é o sócio fundador e gestor; caberá a você – a título de bônus – o mesmo valor que os demais membros da equipe receberão. E o critério é bem claro, para que ninguém tenha dúvidas: do lucro obtido no período, a metade do valor é reinvestida no escritório, enquanto a outra metade é distribuída em partes iguais entre todos os advogados que trabalharam durante aquele período.

Através desse critério, todos sabem que o ganho do escritório também representará o ganho de cada um que ali trabalha.

> 4º PILAR: AUTOAVALIAÇÃO (UTILIZAÇÃO DE MECANISMOS ROTINEIROS DE MEDIÇÃO DE DADOS E REALIZAÇÃO DE ANÁLISES PERIÓDICAS SOBRE OS DADOS COLETADOS)

Trata-se de um elemento diretamente relacionado à metodologia enxuta (*LEAN*). Inclusive, se não observado, implicará na total impossibilidade de aplicação da mesma.

A STARTUP-ESCRITÓRIO DE ADVOCACIA deve possuir uma rotina de frequente coleta e monitoramento de dados, para que, através desse conteúdo, seja possível executar o ciclo "construir-medir-aprender", falado no capítulo anterior.

Acredite: tudo o que você puder medir, você deve medir. É através da coleta de dados – de TUDO – que você se torna capaz de melhorar – em TUDO. E não apenas melhorar, mas também desenvolver a habilidade de prever situações (o que é diferente de controlá-las) e se prevenir com a antecedência necessária para agir.

Neste aspecto, a frequência é muito importante: a medição e análise devem funcionar como verdadeiros hábitos, constantes, inerentes à instituição. Lembramos que a principal habilidade de uma startup – a aplicação das metodologias empreendedoras – exige a permanente observação do ciclo "construir-medir-aprender". Por essa razão é que não se pode deixar que a coleta de dados fique restrita a momentos pontuais – como, por exemplo, o que muitas empresas fazem: análises e avaliações anuais.

Meça, portanto, o número de clientes que você tem, de onde eles vêm, quais as matérias que mais os interessam, qual é a média de idade deles, qual a profissão, qual é o grau de satisfação com os serviços, enfim... Meça tudo que você puder registrar. Isso vai te ajudar em diversas outras questões, inclusive na prospecção.

Meça também internamente: como e onde estão sendo feitos seus gastos, quais os assuntos mais tratados pelo escritório, quantas horas você demora em determinadas tarefas, quanto de material você precisou comprar, quanto tempo esse material durou, quanto se ganhou com os assuntos "X" e "Y", qual o valor-hora de trabalho mais bem remunerado, qual o grau de satisfação seu e da sua equipe ao trabalhar nos assuntos "X" e "Y", e por aí vai.

Em resumo: acredite na máxima que diz que tudo que você é capaz de medir, então você é capaz de melhorar. Meça o que for possível medir, pois a informação é uma das moedas mais valiosas da atualidade. Será por meio dela que você acelerará a sua evolução.

> 5º PILAR: REINVESTIMENTO (DEFINIR, COMO PARTE DA POLÍTICA INTERNA, UMA PREVISÃO DE REINVESTIMENTO NA PRÓPRIA ESTRUTURA DO ESCRITÓRIO, A PARTIR DE UMA PORCENTAGEM DOS GANHOS)

O melhor investimento é aquele que você consegue proporcionar a si mesmo. Trata-se de um conceito inerente à própria essência de SUSTENTABILIDADE – algo em que a sua STARTUP-ESCRITÓRIO necessariamente precisa estar apoiada.

Obviamente, a fração dos seus ganhos que poderá ser reinvestida variará de acordo com as suas condições pessoais e organizacionais, mas, independentemente disso, é fundamental que exista essa política permanente de reinvestimento de parte dos valores recebidos.

Muitos escritórios não têm esse pilar em sua cultura. Por conta disso, não criam um caixa de reserva, capaz de dar respaldo e segurança aos advogados. Ao invés disso, preferem dividir a integralidade do lucro e, caso necessário, unem-se para cobrir os prejuízos com seus próprios bolsos. Isso acaba por aumentar os níveis de insegurança e estresse da equipe – o que certamente também influencia no rendimento.

* * *

| FIM DA PARTE UM

Assim, instalados os CINCO PILARES que formam a CULTURA ORGANIZACIONAL, base para a construção de uma STARTUP-ESCRITÓRIO DE ADVOCACIA, chegamos ao final da primeira parte deste livro.

O objetivo até aqui foi te apresentar os elementos "pré-formadores" de uma STARTUP-ESCRITÓRIO DE ADVOCACIA – isto é, tudo aquilo que é necessário providenciar (via observação, entendimento e desenvolvimento) preliminarmente, antes mesmo do efetivo início da sua empreitada.

Resumidamente, podemos dizer que até aqui foi necessário entender os seguintes passos:

➢ 1º PASSO:

Observar os três preparativos iniciais ligados às pessoas dos sócios, sendo:

(1) o equilíbrio entre os perfis de dono – o que, inclusive, te auxiliará a escolher o(s) seu(s) sócio(s) ideal(is);

(2) a criação de um ideário comum entre os sócios, para que, desde já, enquanto não há divergências, vocês saibam como lidar com elas no futuro; e

(3) a ciência de que é essencial a manutenção de uma atitude mental progressiva durante a empreitada, sobretudo no início.

➤ 2º PASSO:

Entender a principal habilidade para construção de qualquer startup, incluindo uma STARTUP-ESCRITÓRIO DE ADVOCACIA: saber unir e executar os conceitos das metodologias empreendedoras, *lean* e *effectuation*.

São três os princípios fundamentais da metodologia *lean*:

(1) foco em aprendizado validado;

(2) execução constante do ciclo construir-medir-aprender; e

(3) realização de contabilidade para inovação.

E são cinco os princípios fundamentais da metodologia *effectuation*:

(1) começar com as ferramentas que se tem à disposição;

(2) mensurar e avaliar as perdas acessíveis;

(3) costurar parcerias comprometidas;

(4) conseguir se adaptar à realidade apresentada, mesmo diante de eventuais imprevistos; e

(5) ter ciência de que apenas é possível "controlar o controlável".

➤ 3º PASSO:

Aprontar a "base estruturada", onde você erguerá o seu negócio.

Para fazer isso, é necessário montar uma "superfície" para construção, a qual chamamos de "CULTURA ORGANIZACIONAL". Esta, por sua vez, precisa ter, pelo menos, cinco pilares de sustentação, comuns a qualquer STARTUP-ESCRITÓRIO. Cada um desses pilares se traduzirá, na prática, em certos posicionamentos. Podemos dizer que os cinco pilares e seus respectivos posicionamentos são os seguintes:

1º Pilar: PROPÓSITO
Posicionamento: criação de um propósito;

2º Pilar: SIMPLICIDADE
Posicionamento: utilização de interfaces simples e organizadas para todos;

3º Pilar: TRANSPARÊNCIA
Posicionamento: adoção de rotinas que incentivem à transparência, interna e externamente, à colaboração da equipe, criatividade e facilidade no gerenciamento de tarefas;

4º Pilar: AUTOAVALIAÇÃO

Posicionamento: utilização de mecanismos rotineiros de medição de dados e realização de análises periódicas sobre os dados coletados;

5º Pilar: REINVESTIMENTO
Posicionamento: definir, como parte da política remuneratória, uma previsão de reinvestimento na própria estrutura do escritório, a partir de uma porcentagem dos ganhos.

Seguidos esses três passos e suas subdivisões, você estará: (i) *preparado*; (ii) *ciente do funcionamento das metodologias empreendedoras (principal habilidade para desenvolvimento de startups)*; e (iii) *com a sua base estruturada, pronto para a construção e crescimento sustentável do seu negócio.* Será daí, então, que iniciaremos a Parte Dois deste livro.

PARTE DOIS

MÉRITO

> *"MOTIVAÇÃO É AQUILO QUE TE FAZ COMEÇAR. HÁBITO É AQUILO QUE TE FAZ CONTINUAR."*

> JIM RYUN

A CONCEPÇÃO DO SEU MÍNIMO PRODUTO VIÁVEL

O QUE É UM MVP. HIPÓTESES INICIAIS PARA O MVP DE UMA STARTUP-ESCRITÓRIO DE ADVOCACIA.

| O COMEÇO DO SEU NEGÓCIO

Agora que você já cumpriu os três passos preliminares, chegou o momento de efetivamente construir a sua STARTUP-ESCRITÓRIO DE ADVOCACIA. Em outras palavras: é hora de montar o Mínimo Produto Viável (ou "MVP", sigla para o termo em inglês *Minimum Viable Product*) – a versão inicial de um produto a ser lançada para testes.

Naturalmente, é a partir dessa versão que o empreendedor iniciará o primeiro ciclo "construir-medir-aprender" do seu produto. O MVP terá a função de ser a construção mínima necessária para fazer com que, no menor tempo possível, os empreendedores enfim comecem o seu processo de aprendizagem e desenvolvimento. Não necessariamente – é bom ressaltar – será um produto pequeno.

Será a partir deste momento (de aplicação do ciclo ao produto mínimo) que você começará a colher as informações e a tirar as conclusões que o permitirão prosseguir na evolução do negócio – até, pouco a pouco, ele se tornar mais e mais próximo do que você considera como ideal.

Nesta etapa, perceba algo muito importante, sobretudo do ponto de vista psicológico: por ser mínimo e ainda demandar testes, o MVP não é um produto perfeito. Longe disso. Ele será a semente – plantada pela(s) pessoa(s) preparada(s), numa base estruturada, usando o método correto – que começará a ser cultivada.

Esta percepção costuma ser um grande contraponto ao que normalmente se imagina de um escritório de advocacia de qualidade. Em geral, a idealização de uma sociedade de advogados contém uma boa dose de luxo – quase sempre observando a máxima "quanto mais 'intimidador', melhor. A própria ideia de se aplicar o conceito de MVP ao caso já é, portanto, uma quebra de paradigmas. E você precisará abrir a mente para essa possibilidade.

No MVP de uma STARTUP-ESCRITÓRIO, caberá a você a tarefa de "despir" o seu "produto-escritório" de tudo aquilo que não é essencial. Mesmo assim, é provável que você ainda precise ponderar o grau de importância entre um elemento ou outro considerados necessários, escolhendo qual deles deverá ser priorizado.

Pois bem. Sabendo de tudo isso, é hora de tentarmos tangibilizar este percurso.

Como a ideia deste livro é imaginar como um escritório, começando do zero, inclusive financeiramente, pode chegar ao sucesso crescendo de maneira sustentável desde o início, abordaremos neste capítulo, em primeiro lugar, a criação de um MVP sob as circunstâncias mais enxutas possíveis (algo até bem fácil de elaborar, já que as condições iniciais minha e do meu sócio eram praticamente essas mesmas). Vejamos:

| O QUE UM ESCRITÓRIO DE ADVOCACIA PRECISA TER?

Um escritório inicial ideal – vamos imaginar – teria, em termos de estrutura, algo próximo ao que o SEBRAE nos indicava[19] em seu portal como o "perfil do ambiente" necessário para se começar: um espaço comercial com recepção, sala de trabalho, banheiros, sala de reunião e copa; um empregado na função de auxiliar administrativo; mobiliário básico, como computadores e monitores, mesas e cadeiras para as salas de trabalho, de reunião e recepção, estante para arquivo, impressora/scanner, geladeira, microondas e cafeteira; e *softwares* diversos, desde os que são voltados para cadastro de clientes, até aqueles de atualização monetária de valores, controle de bens e garantias, controle de despesas processuais, honorários, horas trabalhadas, agenda, emissão de relatórios e gestão financeira.

Para resumir: ao somarmos tudo o que o SEBRAE nos sugeria, o investimento inicial mínimo necessário para se abrir um escritório de advocacia era algo em torno de R$ 39.500,00 (em valores de dezembro de 2018), fora o que a manutenção desse investimento representaria mensalmente, mais capital de giro.

No processo de despir esse escritório ideal de tudo aquilo que não é "essencialíssimo", vamos ver que, no final das contas, parece que nada do que foi citado era realmente essencial para se dar o pontapé inicial. Vejamos, voltando para a situação do meu escritório:

---

[19]   Vide   endereço   eletrônico   do   próprio   SEBRAE: http://www.sebrae.com.br/sites/PortalSebrae/ideias/como-montar-um-escritorio-de-advocacia,b9ecd181c0ed0510VgnVCM1000004c00210aRCRD   (acesso   em 13/12/2018).

Financeiramente, eu e meu sócio tínhamos a ideia de que o investimento inicial deveria ser o mais próximo possível de ZERO. Íamos até além com este pensamento: queríamos levar ao extremo o conceito do QUINTO PILAR DA CULTURA ORGANIZACIONAL (reinvestimento). Nossa intenção era investir no escritório apenas o que de fato ganhássemos através do próprio escritório – uma verdadeira retroalimentação.

Considerando esse pensamento, formulamos, então, nossa primeira hipótese de valor (falaremos adiante), que serviu de base para a criação do MVP. Entendíamos que o "escritório ideal", "pronto", não era necessariamente o ponto de partida perfeito. Antes de lá chegarmos, alguns degraus anteriores poderiam nos ajudar na "subida".

| PONTO DE PARTIDA MÍNIMO: A HIPÓTESE "ZERO" (H-0)

A hipótese inicial que consideramos para o nosso escritório é a mesma que chamaremos de "Hipótese Zero", ou "H-0", para o contexto da ADVOCACIA STARTUP. O "zero" da identificação se dá porque esta é a hipótese que representa o menor investimento possível – quase zero – em um momento inicial.

Não necessariamente você, leitor, em seu caso particular, precisará largar desta mesma hipótese. Tudo dependerá do "do que" e do "quanto" você já tem (lembrando o primeiro princípio da *EFFECTUATION*) e daquilo que você está disposto a arriscar (segundo princípio da *EFFECTUATION*) no seu primeiro momento. A ideia aqui é te mostrar que você tem sim uma opção realmente mínima e acessível para elaborar o seu MVP e começar a desenvolvê-lo. De qualquer forma, mais à frente mostraremos outras opções, um pouco mais robustas, de mínimo produto viável para se iniciar.

No meu caso, eu e meu sócio não tínhamos muitos recursos neste período inicial. Precisávamos conquistar clientes e não gastar muito dinheiro. Era uma questão de necessidade partir de uma hipótese "quase zero gasto".

As premissas (ou "atos de fé"[20]) que utilizamos foram as seguintes:

a) A *existência* de um negócio, tal como a sua credibilidade, pressupõe uma *aparência*;

b) Na realidade atual, a primeira aparência de uma empresa é o que se encontra através de uma busca na *internet*;

c) A matéria prima de um escritório de advocacia é o próprio sócio;

d) Contatos feitos *pessoalmente* são mais marcantes e valorizados; logo, para aumentar as suas chances de ser lembrado por alguém, você deve *de fato aparecer* para esse alguém; e

e) Se você buscar parecer/aparentar ser um escritório de advocacia confiável, você acabará trilhando, progressivamente, um caminho para de fato *se tornar* um escritório de advocacia cada vez mais mais confiável.

As inspirações para essas premissas foram várias, mas podemos resumir a ideia central no aforismo "*Fake it until you make it*" ("Finja" até que você de fato faça/seja) – ou, como prefiro, "*Fake it until you become it*" (Finja até que você de fato se torne)[21].

---

[20] Vide capítulo "Metodologias", Segundo Princípio: Ciclo Construir-Medir-Aprender.

[21] No caso, a inspiração direta foi a palestra ministrada pela psicóloga Amy Cuddy, em 2012, para a edição do TED Talk que ocorreu em junho de 2012, na cidade de Edinburgh, na Escócia. Destaco, contudo, que a máxima "*Fake it until you make it*" pode ser encontrada em várias outras fontes. Para citar alguns exemplos, há a técnica

Para arquitetar o nosso mínimo produto viável com base nesta H-0, nos lembramos especialmente de um exemplo colocado pelo próprio Eric Ries em sua experiência como empreendedor: o MVP em vídeo.

No exemplo dado por Ries, a empresa Dropbox, que oferece uma ferramenta de compartilhamento de arquivos de utilização muito fácil, precisava testar a sua hipótese inicial. Havia um problema: era inviável, do ponto de vista operacional, sobretudo por conta dos custos, demonstrar o *software* funcionando na forma de um protótipo. A solução encontrada por eles foi fazer um vídeo explicativo sobre como seria o funcionamento do produto; divulgar este vídeo como se o mesmo fosse para a apresentação de um produto que em breve estaria no mercado; e, por fim, disponibilizar uma lista de espera para os interessados se cadastrarem e receberem informações sobre o lançamento do produto. O resultado foi melhor do que o esperado: 75 mil pessoas cadastradas na lista de espera, literalmente da noite para o dia.

Ou seja: ao final do período de lançamento do vídeo, a Dropbox tinha 75 mil clientes em potencial, os quais, se efetivamente convertidos em clientes, sustentariam com amplas sobras o investimento necessário para o desenvolvimento da primeira versão.

Notem que, neste caso da Dropbox, o vídeo ERA o próprio MVP. E foi através dele que a hipótese pôde ser testada e, então, estando aprovada, os sócios fundadores puderam prosseguir, pois viram que estavam no caminho certo.

---

terapêutica "*acting as if*" (agindo como se), desenvolvida pelo psicólogo Alfred Adler; bem como a famosa obra "O Segredo", da autoria de Rhonda Byrne.

No caso da nossa Startup-Escritório de Advocacia, o MVP não era um vídeo, mas foi tão abstrato quanto: um site.

A estratégia era simplesmente "surgir", mostrar-se sem medo para o mundo, como um escritório de advocacia por inteiro, e tentar, a partir daí, mapear os interessados e verificar a viabilidade do negócio.

Neste site, buscamos, tal como fez o Dropbox, nos apresentar como um produto consolidado, de fato existente, o qual as pessoas pudessem se interessar verdadeiramente em ter. Expomos como seria o nosso "funcionamento" – ou seja, qual seria a nossa identidade enquanto escritório, nossos diferenciais e áreas de atuação – e nos colocamos à disposição para atendimento, tanto através de uma caixa de mensagens diretamente pelo site, quanto pela disponibilização de nossos e-mails e telefones.

Neste momento, você pode estar um pouco receoso com a adoção de uma estratégia com tamanha exposição. É normal. Mas tranquilize-se: o resultado costuma impressionar positivamente.

Tudo foi feito por nós mesmos – dois advogados sem nenhuma experiência em *design* ou programação de sites. Felizmente, hoje em dia, existem várias ferramentas capazes de te auxiliar a "dar um jeitinho" em questões como essas, pelo menos em um primeiro momento.

Como nós mesmos éramos a matéria prima do escritório, passamos por todas as funções possíveis. Neste início, além do estudo de Direito (que nunca deve parar), também estudávamos administração, *design*, informática e o que mais fosse preciso.

A primeira identidade visual foi feita de maneira totalmente gratuita, através da ferramenta Photoshop On line, disponível no site "www.photoshoponline.net.br"[22]. Ao elaborar a marca, nossa intenção era apenas criar uma aparência individualizada ao escritório, que o diferenciasse da pessoa dos dois sócios fundadores – afinal, pelas nossas premissas, para que o escritório *existisse*, precisava de uma aparência que lhe fosse própria. Além disso, queríamos que a marca transmitisse, ao mesmo tempo, sobriedade e jovialidade para quem a visse.

Não só o Photoshop On Line, mas muitas outras ferramentas também são capazes de auxiliar na elaboração de uma primeira identidade visual. Dentre os exemplos gratuitos ou muito baratos, citamos a *Logaster*[23], a *Free Logo Design*[24], a *Canva*[25] e a *WeDoLogos*[26] – basta verificar a opção que melhor lhe atenda e lhe seja viável manusear. Outra opção, claro, e que tende a ser a melhor, é contratar um designer específico para este trabalho, se assim você tiver condições. Neste caso, o ideal é buscar um profissional da sua confiança. No entanto, se você não tiver alguém em mente, é sempre possível apelar novamente para o auxílio da internet – como, por exemplo, através do site *Fiverr*[27], onde você pode ofertar o serviço que deseja e, então, aguardar pelas propostas dos profissionais da área.

Apesar de economizarmos em tudo o que pudemos, eu e meu sócio optamos por investir um pequeno valor inicial em duas questões que julgamos insubstituíveis naquele

---

[22] Nesta data, 13/12/2018, perfeitamente acessível.

[23] Vide endereço https://www.logaster.com.br/, perfeitamente acessível nesta data, 13/12/2018.

[24] Vide endereço https://pt.freelogodesign.org/, perfeitamente acessível nesta data, 13/12/2018.

[25] Vide endereço www.canva.com, perfeitamente acessível nesta data, 13/12/2018.

[26] Vide endereço https://www.wedologos.com.br/, perfeitamente acessível nesta data, 13/12/2018.

[27] Vide endereço https://www.fiverr.com/, perfeitamente acessível nesta data, 13/12/2018.

momento: o registro do domínio web e a hospedagem do site, por serem elementos centrais deste MVP. Na época, em 2014, o registro do site pelo período de um ano custou R$ 30,00 (comprando através do portal www.registro.br) e a hospedagem custou R$ 238,78 (através do site www.locaweb.com.br). Fazendo isso, nós garantimos, por pelo menos 12 meses, ter um site ".com.br" com o nosso próprio nome (do escritório), além de um e-mail personalizado e uma ferramenta *web*, incluída na hospedagem, que nos auxiliaria a montar uma aparência de site minimamente aceitável.

Naquele ano já existiam – e hoje existem até mais – opções gratuitas para hospedagem, registro de nome do site e e-mail; mas, lembrando, uma das nossas premissas era aparentar, desde já, sermos um escritório pronto. Por tal razão, achamos importante realizarmos este investimento no registro do site e na hospedagem/e-mail personalizado. Acabou sendo uma decisão acertada.

Além deste custo, foram gastos cerca de R$ 30,00 para fazermos uma quantidade de cem cartões de visitas para cada sócio.

No final das contas, então, o nosso MVP foi construído com o valor de R$ 298,78 (incluindo site, e-mail e cartões de visita). Cada um, portanto, gastou R$ 149,39 para dar o pontapé inicial da STARTUP-ESCRITÓRIO DE ADVOCACIA.

Convenhamos: o valor investido é absurdamente menor do que os quase R$ 40.000,00 (mais manutenção mensal) sugeridos à época pelo SEBRAE.

A partir daí, com o MVP pronto e garantido por pelo menos um ano (tempo que achávamos bem razoável), partimos para a divulgação. Nossa estratégia se baseou em dois pontos muito simples: (1) exposição para as pessoas próximas, como familiares e amigos; e (2) almoçar com ex-colegas de trabalho e ex-clientes, sempre apresentando para todos o nosso recém aberto escritório (que, na ocasião, era, literalmente, um *site*, um *endereço de e-mail* e *cartões de visita*). Sobre não ter sede, sempre mencionávamos que "estávamos providenciando e verificando as opções" – o que, de certa forma, era verdade.

Durante esse tempo, é bom lembrar, nosso MVP já possuía a base mencionada no capítulo anterior – a CULTURA ORGANIZACIONAL, e tudo que a envolve. Todos os pilares, desde o momento inicial, estavam sendo observados, em especial o quarto (monitoramento de dados, principalmente gastos).

Como a estrutura desse MVP era extremamente enxuta, uma única contratação, logo no primeiro mês – oriunda de um parente de amigo – pagou com sobras o investimento inicial feito e ainda serviu para aplicarmos o conceito do QUINTO PILAR DA CULTURA ORGANIZACIONAL (reinvestimento).

Utilizando o pequeno lucro obtido, registramos o Contrato Social da nossa Sociedade na Ordem dos Advogados do Brasil, Seção do Rio de Janeiro (R$ 600,00 na época, mais R$ 56,25 com autenticação de documentos em cartório), e, em seguida, demos entrada no pedido de alvará de funcionamento perante a prefeitura (DARM de R$ 680,22 na ocasião), para que pudéssemos emitir notas fiscais.

Após quatro meses vivendo de pequenos serviços – mas, lembrando, quase sem custos fixos – conseguimos, enfim, um cliente que nos contratou para um acompanhamento regular. A contratação veio como fruto de um daqueles almoços com ex-colegas. Da indicação dele, conquistamos o nosso primeiro cliente "fixo", com pagamento mensal de honorários.

Foi neste momento que giramos a chave e atinamos para a conclusão de que a H-0 havia sido, de modo geral, exitosa. Ela nos mostrou que havia ali um produto com potencial; que nossa estratégia e abordagem havia nos dado frutos; e que era viável continuar com o desenvolvimento do negócio – isto é, o aprimoramento daquele MVP.

Até ali, éramos um "escritório nômade". Às vezes trabalhávamos na minha casa, às vezes na casa do meu sócio, às vezes na sede da OAB, às vezes cada um ficava na própria casa... Isso variava bastante. O importante é que já éramos um escritório – em relação à base necessária para o seu desenvolvimento.

Inclusive, para a observação do SEGUNDO PILAR DA CULTURA ORGANIZACIONAL (simplicidade; interface fácil e organizada), utilizamos inicialmente uma estrutura bastante conhecida e muito eficaz: um Google Drive, onde armazenávamos todos os nossos arquivos de escritório, muito bem organizados. Dentro desse *drive*, ainda, mantivemos uma planilha operacional contendo todas as nossas questões administrativas da época: informações financeiras, dados dos clientes e *status* dos serviços que estavam sendo feitos ou que tinham chances de virem a ser feitos em breve. Tínhamos tudo que – pelo menos naquele momento – julgávamos importante mensurar. Essa planilha, obviamente, como quase tudo, também foi aprimorada com o passar do tempo.

Fechado este ciclo de quatro meses (1/3 do tempo comprado de site e hospedagem), sendo colhidas todas as informações possíveis e feitas as análises cabíveis, concluímos que era hora de buscarmos um salto de crescimento. Isso seria feito pela formulação de uma nova hipótese, que seria adaptada à original. O objetivo era sair daquela vida de "escritório nômade" e, enfim, adquirir uma sede que nos permitisse evoluir ainda mais.

Esta hipótese seguinte, que chamaremos de H-1, pode ser também a base para o seu MVP inicial – se for o caso de você ter melhores condições e estar disposto a encarar um risco um pouquinho maior, investindo mais para pular o degrau de um MVP tão simples quanto aquele formulado com base na H-0.

| ALTERNATIVA QUASE MÍNIMA: A HIPÓTESE "UM" (H-1)

A H-1 foi também a primeira hipótese de crescimento do meu escritório. O objetivo principal, como dito, era construir uma sede para a nossa sociedade. Isso, para nós, representava um grande passo – um novo início, depois dos quatro meses. Sairíamos finalmente do mundo virtual e teríamos um fortalecimento institucional que nos permitiria ampliar nosso alcance. Por outro lado, também teríamos um aumento dos nossos riscos – afinal, nos comprometeríamos com gastos fixos mensais que antes não tínhamos.

Por estarmos seguindo a nossa CULTURA ORGANIZACIONAL, os riscos não chegaram a tirar o nosso sono. Tudo estava sendo muito atentamente medido e calculado. E, além disso, o fato de agora termos um cliente mensal nos deu um mínimo de coragem para criar também gastos mensais.

A nossa H-I – que, para nós, como dito, foi a base para uma segunda etapa – também é capaz de funcionar como a primeira etapa de outros empreendedores-advogados. Tudo depende, tal como falamos, do quanto você está disposto a arriscar em seu momento inicial. Lembrando que "disposição" não é sinônimo de "necessidade".

A H-1 partiu do acréscimo de duas novas premissas à H-0. Incluímos:

f) O simples fato de você ter um *endereço*, ainda que não tenha nada dentro dele, já confere credibilidade ao seu negócio;

g) A existência de um *ambiente de trabalho*, comum e específico, com uma rotina própria da equipe, é capaz de potencializar a produtividade do seu time.

Em relação à premissa "f", acreditávamos que o mero acréscimo de um endereço físico e de um telefone fixo ao nosso MVP inicial já seria capaz de ampliar o nosso alcance, pois mais pessoas se sentiriam cativadas pelo MVP, que agora se aproximaria um pouco mais de um produto "pronto".

Na época, inclusive, isso foi observado à risca por nós: a primeira mobília do escritório não nos dava condições mínimas de receber qualquer pessoa em nossa sala. Basicamente, nossos móveis se resumiam a duas cadeiras de plástico (doadas), duas cadeiras de varanda (doadas), nossos notebooks pessoais e um ar-condicionado parcelado em 24 prestações.

Apesar da precariedade, isso nos permitiu incrementar nosso MVP, tanto no site quanto nos cartões, com a inserção de um endereço real e de um telefone fixo comercial. Se quisessem nos visitar, dávamos uma desculpa sobre a sala estar em obra – uma meia verdade – e, então, propúnhamos duas opções: irmos até a pessoa ou atendermos na sala de reunião alugável que ficava no térreo do nosso Centro Comercial. Esta última, contudo, precisou ser feita poucas vezes – a verdade é que as pessoas sempre preferem que você vá até elas; ou até mesmo que seja feita uma reunião por videoconferência (tendência mais recente).

Em relação à premissa "g", confiamos na ideia de "hábitos angulares" (ou "hábitos fundamentais"). Em suma, acreditávamos que a criação de um ambiente corporativo nosso, com uma rotina diária que fosse de acordo com o nosso perfil, funcionaria como um motor para potencializar a produtividade da equipe (que, no caso, ainda era apenas os dois sócios fundadores).

Esse conceito de hábitos angulares foi algo que retiramos do livro "O Poder do Hábito", de Charles Duhigg. Trata-se da criação de um hábito "mãe", capaz de impulsionar o surgimento de outras práticas positivas, iniciando uma cadeia de hábitos organizacionais que funcionam bem no todo da instituição.

Para ilustrar o funcionamento disso, o exemplo dado por Duhigg foi o da empresa Alcoa, do ramo de alumínios:

No ano de 1987, quando a empresa passava por uma de suas maiores crises, o ex-burocrata Paul O'Neil assumiu o cargo de diretor executivo. Para a surpresa de todos, desde o momento de sua apresentação, Paul aparentava desinteresse em questões consideradas fundamentais, como os números relativos a lucros, impostos pagos e estratégias de mercado. A obsessão de Paul era o tema "segurança no trabalho". Não era "qualidade" que estava no topo da sua lista de prioridades, nem "eficiência", mas sim "SEGURANÇA". E ele insistia: *"Se vocês querem entender a situação da Alcoa, precisam olhar os números de segurança nos nossos locais de trabalho"*. Enquanto muitos acreditavam que a empresa estaria fadada ao fracasso, pois haviam colocado "um *hippie* maluco" no comando, o diretor executivo projetava o sucesso com base na ideia de hábitos angulares.

Em resumo, Paul sabia que precisava mudar a Alcoa, mas tinha consciência de que não conseguiria fazer isso simplesmente mandando as pessoas mudarem, já que não é assim que o cérebro funciona. Ao invés disso, ele decidiu focar em um único ponto, confiando que, se conseguisse desmanchar os hábitos negativos relacionados a esse ponto, então a positividade daí advinda se alastraria por toda a empresa. Escolheu, assim, algo que todos concordassem ser importante: segurança – afinal, *"todos merecem sair do trabalho tão ilesos quanto chegaram"*, disse ele em depoimento dado a Duhigg.[28]

Para que, no plano dos fatos, fosse possível materializar essa prioridade, Paul definiu uma meta audaciosa: chegar ao *índice zero de acidentes* de trabalho. Isso era algo inegociável e todos os empregados deveriam perseguir este objetivo. A estratégia de Paul teve os seguintes desdobramentos:

Primeiro, a equipe entendera que, para buscar a meta almejada, era necessário, antes, compreender por que os acidentes aconteciam. Por sua vez, para chegar a essa compreensão, era preciso, de antemão, entender como o processo de fabricação estava se desenvolvendo e, assim, localizar onde acontecia a falha. Essa falha, para ser identificada, precisava ser igualmente compreendida. Para essa compreensão ser possível, contudo, era necessário entendimento sobre o processo de fabricação. Para que os empregados melhor compreendessem esse processo de fabrição, então, era necessário reeducá-los sobre assuntos como controle de qualidade e processos de trabalho mais eficientes... Percebem o efeito dominó que isso foi gerando?

Para simplificar: aconteceu que aquela meta definida por Paul deu origem a uma profunda reação em cadeia. A necessidade de aperfeiçoar uma tarefa chave fez com que

---

[28] Vide relato do próprio Paul O'Neil para Charles Duhigg, na página 116 do livro *O Poder do Hábito*, Ed. Objetiva, 2012.

outras tarefas menores, relacionadas, fossem sendo aperfeiçoadas.

Resultado: passados alguns meses, surgira, quase silenciosamente, uma corrente de autoconhecimento que foi desencadeando uma melhora institucional geral, com reflexo direto na produtividade. Em menos de um ano, aquele "*hippie maluco*" havia feito a empresa obter lucro recorde.

Esse exemplo da Alcoa – de como utilizar o hábito fundamental a seu favor, para gerar hábitos angulares – inspirou o nosso escritório a fazer algo semelhante, guardadas as devidas proporções de tamanho.

No nosso caso, como motivação, escolhemos não a meta de segurança, mas sim a meta de "equilíbrio" – ou "vida positivamente equilibrada" – que também estava alinhada ao nosso PROPÓSITO.

Tal como fizera Paul O'Neil, buscamos imaginar algo que nós dois – e todos que viessem a entrar na equipe futuramente – se importassem. Afinal, quem não deseja alcançar o equilíbrio (positivo) entre vida pessoal e vida profissional?

Para tornarmos essa prioridade algo real, também definimos uma meta. No nosso caso, o objetivo era fazer todo o trabalho do dia dentro de oito horas de expediente. Isto é: tínhamos que conseguir executar, dentro desse horário, todas as tarefas que havíamos planejado para serem feitas naquele dia. Obviamente, essa meta não poderia implicar em serviço incompleto ou mal feito, mas sim em alcançar maior eficiência para cumprir todas as tarefas dentro do tempo planejado.

Fazendo um paralelo com a situação da Alcoa: se passássemos das oito horas, então teríamos cometido o nosso "acidente de trabalho". Ou seja: esse erro, para nós, representaria o mesmo que um verdadeiro acidente de trabalho representava para Paul O'Neil na época em que ele esteve à frente da empresa. Da mesma forma, ainda neste contexto, se saíssemos dentro das oito horas mas não cumpríssemos as tarefas programadas para o dia, então isso também equivaleria a um "acidente de trabalho".

O objetivo era diminuir ao máximo a ocorrência de "acidentes de trabalho". Quando eles aconteciam, significava então que alguma falha ocorrera – ou no nosso planejamento ou na nossa execução.

Esse raciocínio nos forçou a pensar toda a nossa estrutura, para fazer dela a mais produtiva possível. No final das contas, podemos dizer que a tradução do nosso hábito fundamental era tornar o nosso tempo de trabalho o mais eficiente possível. A partir daí, muitos experimentos foram testados, sempre com a intenção de tornar o ambiente mais produtivo e nos planejarmos melhor. Utilizamos agendas, tentamos mudar o posicionamento das mesas, estabelecer horários fixos para nós dois, colocar despertadores, criar recompensas, listas, utilizar pomodoro[29], espalhar *post-its*, dentre outros... Fomos nos estudando e tentando alternativas até conseguirmos chegar em uma boa estrutura, com uma rotina própria da equipe. Passado algum tempo, enfim, conseguimos reduzir sensivelmente a quantidade dos "acidentes de trabalho" que tínhamos.

Esse hábito – de evitar "acidentes de trabalho" – é algo presente até hoje, tão enraizado que não seria exagero dizer que ele já está inserido como parte da nossa Cultura Organizacional. O resultado dessa prática segue rendendo frutos. Por conta desse hábito, continuamos constantemente nos desenvolvendo para sermos mais organizados, mais

---

[29] Técnica que utiliza um cronômetro para dividir o trabalho em períodos de 25/30/60 minutos, separados por breves intervalos igualmente cronometrados.

eficientes e, ainda, termos sabedoria para melhor planejar estratégias e prioridades.

No próximo capítulo, abordaremos sobre o que a nossa estrutura se tornou e como a desenvolvemos. Por ora, basta o entendimento de que a premissa "g" foi provada e testada no MVP inspirado na H-1.

A inclusão das duas novas premissas (a "f" e a "g", citadas) fez com que elaborássemos um MVP um pouco mais robusto do que aquele inspirado na H-0. O teste desta nova versão acabou sendo bem sucedido e, uma vez alinhado à CULTURA ORGANIZACIONAL – sobretudo o pilar de reinvestimento –, permitiu, novamente, avançar mais com o desenvolvimento do produto.

O MVP baseado na H-1 implicou, em suma: no aluguel de uma sala comercial (pequena); na contratação de um plano de internet e telefone fixo; na compra de aparelhos de telefone e de ar condicionado; na atualização do site do escritório para incluir o endereço e telefone da sala; na compra de novos cartões de visita, também para incluir o endereço e telefone da sala; e, ainda, no desenvolvimento inicial de um ambiente de trabalho próprio do escritório, visando proporcionar maior eficiência. Tudo isso feito por nós mesmos.

Naquele momento, não houve, ainda, a compra de móveis em geral, pois para esse MVP seguimos utilizando as mesas de plástico e os nossos notebooks pessoais.

Com este produto-escritório, que ainda era muito simples, mantivemos a estratégia já existente quando o MVP estava baseado apenas na H-0. Agora, contudo, utilizando a base da H-1, tivemos como resultado um produto mais eficiente e com maior alcance de clientes. O teste foi novamente bem sucedido, teve um rápido retorno e nos permitiu reinvestir o ganho que tivemos durante o período de testes.

Após alguns meses, resolvemos implementar uma nova hipótese de crescimento. O objetivo era "destrancar" a estrutura física do escritório e fazê-lo existir com todas as suas funções, incluindo a possibilidade de clientes visitarem o espaço físico que tínhamos. Aos poucos, estávamos nos aproximando, ainda que com passos bem curtos e cuidadosos, daquela "H-Sebrae" ideal, por assim dizer.

A nossa hipótese seguinte (H-2) também pode servir de base para o seu MVP inicial – se for o caso de você ter condições um pouco melhores para iniciar. Adianto, contudo, que a diferença de um MVP baseado na H-1 para um MVP baseado na H-2 é bem pequena, apesar da H-2 demandar um considerável maior investimento.

| ALTERNATIVA AINDA BASTANTE ENXUTA: A HIPÓTESE "DOIS" (H-2)

A H-2 foi a segunda hipótese de crescimento do meu escritório. O objetivo, como dito anteriormente, era "destrancar" as demais funcionalidades da sede física da nossa STARTUP-ESCRITÓRIO e utilizá-la para ampliar o nosso alcance e atrair mais clientes.

A H-2 acrescentou pouco às premissas anteriores, mas foi uma etapa importante para o desenvolvimento do escritório. Basicamente, acrescentamos as premissas de que:

h) O conhecimento presencial do ambiente físico confere maior credibilidade à organização;

i) A existência de um ambiente de trabalho agradável e organizado contribui para o aumento da produtividade da equipe.

Em resumo, isso representou investir um pouco mais na sala.

Compramos mesas de trabalho, gaveteiros, mesa de reunião, quadro de parede, cafeteira, prateleiras e também um pufe-baú (pra ser usado como sofá). Na época, o investimento totalizou exatos R$ 2.000,00. Era uma estrutura bem simples, mas capaz de servir como um ambiente de trabalho funcional.

Olhando hoje, confesso que a aparência do escritório podia parecer "improvisada" – numa estrutura que, certamente, muitos advogados se recusariam a utilizar até mesmo como estrutura inicial de um negócio (afinal, existe uma impressionante supervalorização das aparências na classe dos advogados). Só que, para mim e meu sócio, que vínhamos lá daquela singela H-0, esse ambiente, apesar de simples, foi motivo de muito orgulho. O escritório estava crescendo – isso era um fato – e tínhamos consciência de que aquele momento era só o começo da jornada.

A implementação da H-2 representou – tanto simbolicamente quanto na prática – a consolidação do nosso projeto como um escritório de advocacia de verdade. Éramos realmente um escritório, ainda que simples.

Através daquela pequena estrutura, foi possível aprender muito, criar um ambiente de trabalho em consonância com a nossa maneira de pensar, aumentar a equipe (sim, contratamos mais advogados já durante a H-2) e criar uma reserva financeira que nos deu segurança para ir além.

Chegou um determinado momento, contudo, em que começamos a perceber que a estrutura estava nos limitando. A premissa "i" se mostrou muito acertada, mas a premissa "h" foi aprovada com ressalvas. Era, então, hora de crescer.

Esta constatação veio após algumas reuniões com clientes de maior potencial. Nestes casos, quando a reunião era feita fora do nosso escritório, tudo parecia caminhar bem; quando, contudo, o encontro era levado para dentro da nossa estrutura, as tratativas desandavam. Percebemos que era difícil convencer a mente de grandes empresários de que um escritório com uma estrutura tão simples era capaz de atender à complexidade dos problemas deles. Eles provavelmente sentiam que nós éramos "apostas" – logo, um risco – e que, portanto, era melhor optar por algo que tivesse mais "cara" de ser seguro.

Essa percepção fez ainda mais sentido após a leitura do livro "Rápido e Devagar", de Daniel Kahneman (vencedor do Nobel de Economia, em 2002). No livro, o Autor explica que existem duas formas de pensar: a do "sistema 1", rápida, intuitiva e emocional; e a do "sistema 2", mais lenta, mais deliberativa e lógica. Ele nos mostra que, mais frequentemente do que imaginamos, o sistema 1 influencia o raciocínio do sistema 2, enviesando o mesmo sem que percebamos, afastando nossas conclusões finais de um pensamento realmente lógico. Mais do que isso, o sistema 1 funciona atento aos estereótipos e, naturalmente, permite agir sobre nós a chamada *"heurística da representatividade"*.

A grosso modo, a heurística da representatividade está presente quando julgamos o grau de probabilidade de um determinado acontecimento tomando como base a quantidade de semelhanças que este acontecimento tem em comparação a um outro que já é de nosso conhecimento.

Exemplificando, seria o caso de um escritório de advocacia real ter a sua confiabilidade julgada com base na quantidade de semelhanças aparentes entre ele e, digamos, o escritório de advocacia fictício "Person Hardman", da série de TV "Suits", simplesmente porque este escritório hollywoodiano pode ser o referencial de sucesso ou confiabilidade utilizado pelo Sistema 1 da pessoa que avaliou.

Em outras palavras, é possível que a primeira impressão de um cliente potencial acerca do ambiente do escritório (como, por exemplo, *"esse ambiente é muito mais simples do que a que a imagem que eu tenho de um escritório de advocacia"*) influencie negativamente a conclusão final do mesmo em relação à confiabilidade dos profissionais.[30]

Sentindo isso na pele, concluímos que havíamos atingido o teto de crescimento a partir da efetivação do exposto na premissa "h". Agora, se quiséssemos alcançar clientes mais robustos, com maior potencial financeiro e com melhores condições de impulsionar o nosso crescimento, precisávamos, então, dar um novo passo no desenvolvimento do produto.

Pensando nisso, incrementamos um pouco mais as hipóteses aplicadas ao nosso produto. Formulamos, assim, a nossa H-3 – que, agora sim, estava bem mais próxima daquela citada "H-Sebrae".

| UMA ALTERNATIVA À ESPERA DO CRESCIMENTO: A HIPÓTESE "TRÊS" (H-3)

---

[30] Esse conceito é bem aprofundado no próprio livro *Rápido e Devagar: Duas Formas de Pensar*, obra de Daniel Kahneman, Ed. Objetiva, 2012. Aconselho a leitura.

A H-3 teve como objetivo alavancar o crescimento do nosso escritório e fazer dele um ambiente com plenas condições de convencer qualquer potencial cliente a utilizar os nossos serviços.

Para a maior parte dos empreendedores, a H-3 é a própria hipótese inicial do negócio – o que, se você parte do zero, definitivamente não é o meu conselho, principalmente porque junto dela já é preciso ter alguma robustez operacional.

Para nós, o movimento era todo voltado para a ideia de nos "habilitar ao crescimento". Tínhamos consciência de que, naquele momento, a barreira do "existir" havia sido superada, assim como a barreira do "se consolidar". Agora, o desafio era maior: alcançar o "deslanchar". Para que isso fosse possível, precisávamos ser exitosos na execução da H-3 formulada.

Para tanto, incluímos uma única nova premissa às anteriores, mas que tem o viés inteiramente voltado à ideia de crescimento.

Partimos do conceito de que:

j) Para crescer, é necessário, além de um bom produto, ter, atrelado a ele, uma boa embalagem, capaz de fazer jus à qualidade do mesmo.

Com essa nova premissa em mente – que impactou sobretudo a "h", anterior – decidimos sair em busca da nossa nova "embalagem". Definimos que o primeiro passo seria ir atrás de uma nova sala – que fosse mais ampla, melhor dividida e mais bem localizada.

Aos poucos, então, fomos nos tornando frequentadores diários dos classificados *on line* voltados para o mercado de aluguéis de imóveis comerciais. Eis que um dia, já depois de algumas semanas, apareceu uma grande oportunidade: um imóvel em ótima localização, muito mais amplo, com uma bela vista e pouca necessidade de obras. Visitamos o local e não tivemos dúvidas de que seria ali o escritório ideal para construirmos o nosso sucesso.

A nova sala nos permitia sonhar mais alto. Bem dividida, projetamos com tranquilidade uma sala de espera, uma sala de reunião, uma sala de trabalho, uma copa e um banheiro. Instalamos um piso mais bonito, pintamos paredes, compramos portas, quadros e persianas. Para completar, contratamos um marceneiro para fazer alguns moveis sob medida e instalamos um painel contendo a nosso logo, para fixá-la na parede da sala de espera, na entrada do escritório.

O resultado final agradou muito. Tínhamos um ambiente profissional, organizado, com uma bela vista e que era capaz de transmitir segurança a qualquer cliente que aparecesse. O investimento, claro, dessa vez foi consideravelmente maior, mas, graças ao caminho que havíamos percorrido até ali, sabíamos que tínhamos condições de suportar o que estava por vir.

O MVP se desenvolvera e já não era mínimo – tonara-se um verdadeiro produto, que, por ter sido desenvolvido com atenção às devidas etapas, continuava viável e permitindo o desenvolvimento do nosso negócio.

O produto-escritório estava cada vez mais forte e nos tornando pessoas e profissionais melhores. A implementação da H-3 nos deu um produto completo e bem "embalado". Neste momento, planejando uma eficiente "linha de produção" e uma boa estratégia de marketing, podíamos fazer explodir o alcance das nossas vendas.

Serão estes assuntos que trataremos nos próximos capítulos: como operacionalizar e fornecer o seu serviço de maneira sustentável; qual a estrutura necessária; e quais as atividades que precisam ser habitualmente desenvolvidas nesse caminho de constante crescimento.

ESTRUTURA DE UMA ORGANIZAÇÃO PROFISSIONAL

O QUE NOS TORNA PROFISSIONAIS? ESTRATÉGIAS PARA A PROFISSIONALIZAÇÃO. CRIAÇÃO DE UM AMBIENTE QUE NOS CONDUZ ATÉ A NOSSA "VERSÃO PRO". AS CINCO ÁREAS VITAIS DE UMA STARTUP-ESCRITÓRIO DE ADVOCACIA. AS DEZ OPERAÇÕES NECESSÁRIAS PARA VIABILIZAR AS CINCO ÁREAS VITAIS.

❘ LIVRANDO-SE DO AMADORISMO

Tendo ciência do conceito e de como funciona um Mínimo Produto Viável, tratemos agora dos ingredientes que farão com que o seu produto – a sua STARTUP-ESCRITÓRIO DE ADVOCACIA – deixe para trás os traços de amadorismo e adquira a roupagem profissional necessária para alavancar o seu negócio.

Esta é uma dúvida frequente – e muito relevante – de quem está começando: o que, afinal, faz de você realmente um profissional? O que te diferencia, enquanto escritório, de um advogado autônomo como tantos outros? Quando a "chave gira" e você deixa de ser apenas um profissional advogado (ou um grupo deles dividindo a mesma sede) para se tornar parte de um negócio profissional, maior, que se traduz em uma verdadeira "organização escritório de advocacia"?

Enxergar a viabilidade dessa mudança é o primeiro passo para se tornar PRO.

Quando estamos inseridos dentro de uma outra organização, somos exigidos e guiados para o profissionalismo. O seu empregador é quem lhe fornece o trabalho; é quem lhe dá as ferramentas para executar este trabalho; é quem dita os horários ou determina por quanto tempo você irá trabalhar; é quem lhe diz o valor da remuneração que você irá receber; e, muitas vezes, é até mesmo quem te ensina qual a forma de fazer o seu trabalho. Ao sair dessa instituição e se ver só, só e independente, de repente você fica sem contato com tudo aquilo que te faz agir como um profissional. É preciso, então, nesse momento, reconstruir as suas referências – dessa vez utilizando as suas próprias características, observando de maneira atenta aquilo que melhor combina com o seu perfil.

Steven Pressfield, autor já bastante mencionado neste livro, acredita que essa reconstrução de referências tem reflexo até mesmo na nossa vida pessoal, impactando os hábitos que desenvolvemos. Para ele, *ser* um profissional é uma questão de como viver a vida. Segundo o autor, ao abraçarmos a nossa "versão *pro*" (como ele denomina quando ativamos uma mentalidade de profissionalismo), indiretamente outros aspectos da vida também se modificam. Diz ele:

> "*TORNAR-SE 'PRO' ALTERA O HORÁRIO QUE VOCÊ VAI PARA A CAMA E A HORA QUE VOCÊ SE LEVANTA. MUDA COMO VOCÊ ORGANIZA O SEU DIA. MUDA O QUE VOCÊ LÊ E ATÉ O QUE VOCÊ COME. O AMADOR VÊ O TEMPO PASSAR; O PROFISSIONAL TRABALHA.*"[31]

Basicamente, o autor acredita que alcançar a "versão *pro*" é, antes de tudo, uma mudança de mentalidade, que, por sua vez, acaba refletindo na própria maneira de lidarmos com

---

[31] PRESSFIELD, Steven. *Turning Pro*. Ed. Black Irish Books. 2012.

a vida, em seus diversos aspectos. Ao deixar de lado a mentalidade de um amador para passar a ter uma mentalidade de um profissional, o novo jeito de pensar faz com que desenvolvamos um modo de viver que é capaz de nos guiar para a construção de todo um ambiente profissional, que nos impulsiona a crescer.

Em resumo, pode se dizer que o autor defende que a mudança para uma *mentalidade profissional* reflete em mudanças também nos nossos *ambiente e hábitos cotidianos*, os quais consolidam e asseguram a nossa operação como um verdadeiro PRO.

Concordo parcialmente com essa linha de pensamento.

Acredito na existência de uma via de mão dupla. Isto é: não só a mudança para uma *mentalidade profissional* influencia na mudança de *ambiente e hábitos cotidianos*, como também a mudança de *ambiente e hábitos cotidianos* pode refletir na mudança de *mentalidade*, até transformá-la numa mentalidade PRO.

Em outras palavras, podemos dizer que existiriam dois caminhos pelos quais seria possível alcançar esse ideal de profissionalistmo: de dentro para fora (como incentiva Steven Pressfield) ou de fora para dentro (como me parece mais pragmático).

| TORNANDO-SE *PRO:* A ESTRATÉGIA *"DE FORA PARA DENTRO"* X A ESTRATÉGIA *"DE DENTRO PARA FORA"*

Entendo que a estratégia *"de dentro para fora"* – como apelidamos o conceito passado por Steven Pressfield – esbarra numa forte RESISTÊNCIA, que, na minha concepção, a torna um caminho muito improvável de ser exitoso. Mudar a mentalidade não é algo fácil, que simplesmente se faz da noite para o dia. Por conta disso, para o método da ADVOCACIA STARTUP, sugiro a adoção da estratégia *"de fora para dentro"*, que considero mais impositiva em busca da sua "versão PRO".

Em suma, a estratégia *de fora para dentro* consiste em montarmos um ambiente tal que te deixe envolto em ferramentas, ambientes e tarefas que te puxam para o profissionalismo. A ideia é emular (ou, por que não dizer, "criar"?) aquelas condições que uma grande organização disponibilizaria a você – e que te guiaria para ter uma atitude profissional.

Fazendo isso, naturalmente o ambiente criado começa a refletir na sua maneira de pensar e se comportar no dia a dia. Aos poucos, quase inconscientemente, você acaba treinando a si mesmo para dar menos espaço à procrastinação e se tornar muito mais produtivo, como um verdadeiro profissional deve ser.

Para isso acontecer, é necessário montar a sua própria estrutura – aquele conjunto de coisas que te auxiliará a acessar a sua versão PRO. Esse conjunto, como não poderia deixar de ser, deve estar atento ao SEGUNDO PILAR DA CULTURA ORGANIZACIONAL (SIMPLICIDADE – UTILIZAÇÃO DE INTERFACES SIMPLES E ORGANIZADAS).

E no que consiste isso? Quais as condições e elementos que formam este ambiente? Trataremos disso ao longo deste e do próximo capítulo.

ESTRUTURE O SEU NEGÓCIO COMO UMA FRANQUIA

Neste momento de criação, tenha em mente algo muito importante (e não deixe o seu ego atrapalhar este pensamento): O SEU NEGÓCIO É MAIOR DO QUE VOCÊ. Apesar de tê-lo criado, você precisa se lembrar disso ao estruturá-lo – para o seu próprio bem e, sobretudo, para que ele cresça de maneira sustentável. Ao desenvolvê-lo, projete-o como se ele fosse o protótipo a ser replicado por um grande número de franquias. Você – indivíduo – não pode se confundir com o seu negócio – uma Organização Profissional. Afinal, se cada franquia precisar de um clone seu para funcionar, fique certo de que o negócio precisa ser aperfeiçoado.

Em suma, o que se deve ter em mente é que o modelo de funcionamento do seu escritório não pode ser dependente de pessoas, mas sim de um sistema – seus métodos de operação. Você precisa construir um modelo de operação tal que permita a qualquer advogado, que seja capacitado e interessado, produzir bons resultados, uma vez inserido na estrutura da sua organização. Cada parte da sua operação deve ser ordenada – e, de preferência, expressamente explicada – para que tanto os seus clientes quanto a sua equipe saibam O QUE está acontecendo, COMO está acontecendo e POR QUE está acontecendo. Dessa forma, todas as etapas do trabalho poderão ser controladas, remanejadas e medidas, de maneira sempre atenta aos padrões de desempenho do seu negócio – de tal modo que, pouco a pouco, você desenvolve uma organização segura.

A inspiração para desenvolvermos o sistema do nosso escritório se formou a partir da análise de três fontes distintas: nossas experiências anteriores em escritórios; startups bem sucedidas em outros segmentos (sobretudo as chamadas Organizações Exponenciais[32]) e, claro, nossas

---

[32] Como dica de leitura, ler *Organizações Exponenciais*, obra dos autores Salim Ismail, Michael Malone e Yuri Van Geest, Ed. Alta Books, 2015.

próprias idealizações do que poderia funcionar para a situação. Não tenha medo de "copiar", trazendo para a sua realidade, aquilo que já deu certo em outros lugares.

No caso de um negócio STARTUP-ESCRITÓRIO DE ADVOCACIA, entendo como fundamental a existência de uma estrutura profissional que atenda a CINCO ÁREAS VITAIS: uma DE EXISTÊNCIA e outras quatro DE FUNCIONAMENTO. Vejamos:

| AS ÁREAS VITAIS *DE EXISTÊNCIA* E *FUNCIONAMENTO* DE UMA STARTUP-ESCRITÓRIO DE ADVOCACIA

A essa altura, se você seguiu à risca o que tratamos na primeira parte do livro, então já terá pronta ou muito bem encaminhada a ÁREA VITAL DE EXISTÊNCIA da sua STARTUP-ESCRITÓRIO DE ADVOCACIA: a área "IDENTIDADE INSTITUCIONAL". Naturalmente, por ser vital para a *existência* da instituição, a sua preparação começa antes mesmo do início da efetiva operação do negócio.

Numa análise superficial, esta área pode parecer uma parte de menor importância quando comparada às demais. A verdade, porém, é que a sua função se assemelha a de uma raíz: pode muitas vezes não ser notada, mas, em sua essência, se bem plantada e constantemente cuidada, é a responsável por gerar efeitos positivos diários e cumulativos, que dão sustentação ao crescimento da instituição. Desenvolvendo-a, você cria – e fortalece, progressivamente – a identidade própria da sua organização, unindo todas as pessoas e elementos que integram o seu escritório, como verdadeiras partes de um mesmo "organismo".

Por sua vez, as ÁREAS VITAIS DE FUNCIONAMENTO – que, como o próprio nome indica, devem ser observadas para que o negócio funcione adequada e profissionalmente – são as responsáveis pelo andamento e desenvolvimento dos serviços prestados e valores gerados pelo seu escritório habitualmente. São as ÁREAS: OPERACIONAL; ADMINISTRATIVA; FINANCEIRA; e PLANEJAMENTO ESTRATÉGICO, MARKETING E VENDAS.

Vejamos, a seguir, na sequência, as cinco ÁREAS VITAIS mencionadas. A intenção é, neste momento, abordar o que cada uma delas representa e deve abarcar. No capítulo seguinte, veremos, de maneira mais prática, como tais áreas podem ser atendidas no dia a dia de operação do negócio.

➢ Primeira Área Vital – Identidade Institucional:

Área relacionada aos elementos e atividades que tornam a organização distinguível, tanto externa quanto internamente, criando aquilo que lhe é característico. Isso se reflete desde questões visuais, de identidade gráfica e ambiente de trabalho, até à própria identidade gerencial, aos valores, características e hábitos cotidianos típicos da sociedade.

Um dos principais elementos inseridos nesta área é o "PTM", abordado no capítulo "Base de uma Startup-Escritório de Advocacia". A sua importância está, sobretudo, na capacidade de unificar as aspirações coletivas. É possível fazê-lo funcionar como um ímã, para atrair talentos que estejam em harmonia com a organização; mas também como um farol, capaz de orientar a equipe sobre como se portar diante de algum cenário.

➢ Segunda Área Vital – Operacional

Área responsável pela operação habitual do escritório, organizando o dia a dia das tarefas, definindo padrões, designando responsáveis e ordenando prioridades. Trata-se da área voltada para a "fabricação" do seu "produto" – que é oferecido aos clientes e que chega diretamente até eles.

> TERCEIRA ÁREA VITAL – ADMINISTRATIVA (ORGANIZAÇÃO, CONTROLE E MEDIÇÃO DE DADOS)

Área que trata da gestão estrutural do negócio, que garante o funcionamento da organização em conformidade com os seus valores, planejamento e diretrizes. Por exemplo: a verificação da implementação das metodologias empreendedoras; a medição e interpretação dos dados coletados ao longo das atividades; o armazenamento de documentos e informações relevantes para a instituição; a observação do ambiente de trabalho; o controle de materiais e utensílios gerais do escritório; o grau de satisfação das pessoas com os relacionamentos em geral, internamente e externamente; dentre outras várias questões relacionadas à área administrativa.

> QUARTA ÁREA VITAL – FINANCEIRA

Área responsável pela saúde financeira do escritório. Deve ser capaz de prever, medir, registrar e planejar tudo relacionado às finanças do negócio – entre ganhos, gastos, remunerações, investimentos e projeções.

> QUINTA ÁREA VITAL – PLANEJAMENTO ESTRATÉGICO, MARKETING E VENDAS (COMERCIAL)

Área responsável pela elaboração de estratégias de divulgação e crescimento – não apenas quantitativo, mas também qualitativo – do escritório. Será a área responsável pelas "vendas", garantindo a geração de receitas para o escritório. Naturalmente, a área deve ter uma comunicação cristalina com os demais setores do negócio e, mais do que isso, deve conhecer, no grau máximo possível, os seus clientes – suas necessidades, suas vontades e, principalmente, suas dores.

| AS OPERAÇÕES E FERRAMENTAS NECESSÁRIAS PARA SE POR EM PRÁTICA AS CINCO ÁREAS VITAIS DE UMA STARTUP-ESCRITÓRIO DE ADVOCACIA

Estas CINCO ÁREAS VITAIS, que devem coexistir e serem permanentemente tocadas, devem ser desenvolvidas pelas ferramentas que melhor se coadunem ao dia a dia do seu escritório. No momento de escolha destas ferramentas – que, evidentemente, poderão mudar ao longo do tempo – você deverá buscar o equilíbrio entre a simplicidade e a potencialização de resultados. Na medida do possível, quanto menor o número de ferramentas utilizadas para esse objetivo, melhor – desde que isso não comprometa o seu desempenho.

No caso do meu escritório, muitas das ferramentas inicialmente escolhidas continuam até hoje fazendo parte da atual operação (com algum aprimoramento no seu uso, evidentemente); outras, porém, foram completamente substituídas após a criação do nosso sistema *web*, informatizado (o Área do Cliente ADV), que idealizamos depois de algum tempo de operação (na busca em torná-la mais simples e eficiente).

Aproveitando o gancho, enfatizo que você não precisa montar o próprio sistema para que todas as ÁREAS VITAIS do seu escritório estejam em pleno funcionamento. É perfeitamente possível fazer isso através de ferramentas simples e, muitas vezes, gratuitas ou muito baratas. De qualquer forma, deixe para avaliar a questão ao considerar o binômio "necessidade x possibilidade". Lembre-se que uma das grandes vantagens de se ter uma STARTUP-ESCRITÓRIO é justamente poder crescer de maneira escalável e, principalmente, sustentável.

Através do preenchimento de cada uma das CINCO AREAS VITAIS, você estará construindo todos os componentes que estruturam o ambiente capaz de te guiar até a sua versão PRO, formando uma STARTUP-ESCRITÓRIO DE ADVOCACIA preparada para competir e crescer no mercado jurídico.

Para tornar estas CINCO AREAS perfeitamente operacionais, por sua vez, existem (e bastam) dez operações que precisam ser executadas. Cada uma delas se relaciona com ao menos uma das CINCO ÁREAS VITAIS mencionadas.

Antes de citar quais são as dez operações, tento condensar e concluir todo o conteúdo do capítulo até aqui em um período único. Podemos dizer, em suma, o seguinte:

➢ EXISTEM **DEZ OPERAÇÕES** QUE JÁ SÃO **SUFICIENTES** PARA **COBRIR AS CINCO ÁREAS VITAIS** (DE EXISTÊNCIA E DE FUNCIONAMENTO) DE UMA STARTUP-ESCRITÓRIO DE ADVOCACIA; E, LOGO, TAMBÉM ESSAS DEZ OPERAÇÕES SÃO **SUFICIENTES PARA CRIAR A ESTRUTURA** NECESSÁRIA PARA ESTIMULAR UMA MENTALIDADE **PROFISSIONAL** NO SEU NEGÓCIO (QUE FARÁ VOCÊ PROSPERAR EM UM MERCADO TÃO COMPETITIVO COMO O DA ADVOCACIA).

As dez operações são:

- Criação de uma Apresentação Institucional (ou Plano de Negócios);
- Desenvolvimento de uma identidade visual;
- Arquivamento de dados;
- Gestão de equipe, desenvolvimento e distribuição de tarefas;
- Controle de prazos;
- Manutenção de serviços e *feedback* ao cliente;
- Produção de conteúdo;
- Medição de produtividade;
- Gestão financeira: controle de ganhos e despesas, política remuneratória e cálculo de honorários;
- Análise de dados e planejamento estratégico, prospecção de clientes e vendas.

No próximo capítulo, abordaremos como as DEZ OPERAÇÕES mencionadas se relacionam com as CINCO ÁREAS VITAIS DE UMA STARTUP-ESCRITÓRIO DE ADVOCACIA. Traremos, além de uma explicação sobre cada operação, exemplos e sugestões de ferramentas reais, disponíveis, capazes de auxiliar no desenvolvimento de todas elas.

AS DEZ OPERAÇÕES DE UMA STARTUP-ESCRITÓRIO DE ADVOCACIA

CRIAÇÃO DE UMA APRESENTAÇÃO INSTITUCIONAL (OU PLANO DE NEGÓCIOS). DESENVOLVIMENTO DE UMA IDENTIDADE VISUAL. ARQUIVAMENTO DE DADOS. GESTÃO DE EQUIPE, DESENVOLVIMENTO E DISTRIBUIÇÃO DE TAREFAS. CONTROLE DE PRAZOS. MANUTENÇÃO DE SERVIÇOS E FEEDBACK AO CLIENTE. PRODUÇÃO DE CONTEÚDO. MEDIÇÃO DE PRODUTIVIDADE. GESTÃO FINANCEIRA: CONTROLE DE GANHOS E DESPESAS, POLÍTICA REMUNERATÓRIA E CÁLCULO DE HONORÁRIOS. ANÁLISE DE DADOS E PLANEJAMENTO ESTRATÉGICO, PROSPECÇÃO DE CLIENTES E VENDAS.

A essa altura da leitura, já abordamos muitos aspectos essenciais de uma STARTUP-ESCRITÓRIO:

Primeiro, falamos dos preparativos dos sócios e de tudo aquilo que eles precisam cuidar antes do efetivo início da operação. Em seguida, entendemos as metodologias empreendedoras, essenciais para um desenvolvimento sustentável. Depois, tratamos do conceito de Mínimo Produto Viável e as diferentes alternativas de hipótese inicial para a sua construção. Mais recentemente, nos debruçamos sobre a estrutura do negócio e a necessidade de agir de forma a torná-la verdadeiramente profissional – nesta, inclusive, descobrimos as cinco áreas vitais que estruturam a startup-escritório de advocacia, divididas entre "de existência" e "de funcionamento". Agora, no atual capítulo, apontaremos detalhadamente quais são as dez operações que mantém vivas essas cinco áreas vitais; veremos como elas se relacionam com o todo do empreendimento e, claro, daremos exemplos e sugestões práticas de como executá-las.

Entendidos tais pontos, será através do cultivo destas dez operações aqui expostas que construiremos o citado "ambiente capaz de transformar a sua STARTUP-ESCRITÓRIO DE ADVOCACIA em uma Organização Profissional". Ou seja: fazendo isso, a execução da estratégia *de dentro para fora*, mencionada no capítulo anterior, estará completa.

Ressalto, desde já, que as ferramentas aqui colocadas são apenas *sugestões*. O importante é que a OPERAÇÃO abarcada por cada uma delas seja igualmente coberta pela eventual outra ferramenta escolhida pela sua organização/escritório. Não se trata aqui de um "gabarito", mas sim de uma orientação.

Vejamos, então, cada uma das operações:

1. CRIAÇÃO DE UMA APRESENTAÇÃO INSTITUCIONAL (OU PLANO DE NEGÓCIOS)

Apesar de ser geralmente subestimada para o caso de uma sociedade de advogados, a APRESENTAÇÃO INSTITUCIONAL – operação simples, de fácil criação e fácil manutenção – é muito eficaz para o todo da sua STARTUP-ESCRITÓRIO, tanto para os primeiros passos quanto para o futuro. Ela pode ser, tranquilamente, a primeira atividade "oficial" de construção da sua organização profissional, uma vez que reúne, dentro de si, o registro e planejamento de boa parte dos demais elementos formadores do seu empreendimento.

Ela funciona como uma espécie de PLANO DE NEGÓCIOS – ou, para fazer uma analogia mais jurídica: uma "Constituição" da sua STARTUP-ESCRITÓRIO. Trata-se de uma "operação-guia", relacionada, de certa forma, com todas as ÁREAS VITAIS.

Naturalmente, na condição de guia, é uma operação que faz menção a várias outras operações e elementos da organização. O objetivo principal é, como o próprio nome indica, apresentar o empreendimento – tanto de maneira direta, expondo para a equipe interna qual é o espírito e a estrutura do escritório; quanto de maneira indireta, servindo de orientação a respeito da forma de se relacionar com fatores externos, incluindo clientes e parceiros.

Tal como uma Constituição, uma boa APRESENTAÇÃO INSTITUCIONAL deve buscar ser uma representação equilibrada entre aquilo que a STARTUP-ESCRITÓRIO já é e, também, aquilo que ela deseja vir a se tornar.

Mas como isso se traduz na prática?

Sugiro que se escolha uma dentre estas três opções: um arquivo de texto básico, em documento Word mesmo; o preenchimento de um modelo de *canvas*[33] da sua preferência; ou a criação de um quadro na ferramenta TRELLO (o que eu, particularmente, prefiro).

---

[33] Para quem não conhece a ferramenta, o Business Model Canvas (ou "Quadro de modelo de negócios") é uma ferramenta de gerenciamento estratégico, que *permite aos empreendedores uma definição de modelo de negócio de suas empresas e visualizá-las de forma sistêmica, integrada, rápida e visual. Além de integrar percepções sobre como a empresa pode/deve atuar"* (definição retirada do portal de empreendedorismo www.endeavor.org.br).

Independentemente da interface utilizada, é fundamental, em primeiro lugar, que a APRESENTAÇÃO INSTITUCIONAL esteja acessível para toda a equipe (levando em consideração o segundo e terceiro PILAR da CULTURA ORGANIZACIONAL); depois, é importante que ela contenha, de maneira compreensível, os valores, conceitos e demais parâmetros que formam o perfil do escritório em suas diferentes áreas.

Para que fique verdadeiramente funcional e impulsione o seu escritório, o documento deve conter orientações sobre todas AS CINCO ÁREAS VITAIS da sua organização – as mesmas citadas no capítulo anterior. A consulta ao documento servirá como um lembrete dos diferencias da instituição, do propósito que ela carrega, da forma como se organiza, das metas e políticas internas, dentre outras informações relevantes.

Logicamente, sendo uma STARTUP-ESCRITÓRIO, onde a mudança e aperfeiçoamento são constantes, o conteúdo redigido para cada uma das matérias não será imutável. A APRESENTAÇÃO INSTITUCIONAL, como dito anteriormente, é um documento-guia, e o seu conteúdo não deve ser encarado como cláusula pétrea.

Além das cinco matérias vitais, você, evidentemente, deve se sentir à vontade para acrescentar qualquer outro ponto que entender necessário. Lembre-se apenas que o objetivo por trás deste documento é apresentar o seu negócio e, ainda, orientar a sua forma de atuação. Não precisa ser algo grande (na verdade, é até melhor que seja sucinto), mas sim algo que transmita a verdadeira identidade da sua STARTUP-ESCRITÓRIO.

Para exemplificar, utilizando como parâmetro o meu próprio escritório, explico como é possível montar uma

APRESENTAÇÃO INSTITUCIONAL bem rápida e simples através do TRELLO.

O TRELLO, para quem não conhece, é uma ferramenta de gestão, online e gratuita, que pode ser acessada através do site *www.trello.com*, e/ou ainda em sua versão de aplicativo para *smartphones*. A inspiração para a ferramenta veio das startups clássicas que utilizavam *post its* colados em *quadros* na parede para fazer o gerenciamento de projetos. Através da utilização destes *post its*, buscava-se estimular a colaboração de todos da equipe e a rápida compreensão do projeto como um todo. Fazendo dessa forma, todos têm acesso a todas as ideias e etapas do projeto, permitindo que os eventuais problemas, falhas e aprimoramentos necessários possam ser detectados mais depressa.[34]

O TRELLO faz o mesmo, só que em um ambiente *web* – acrescentando ainda diversas funcionalidades que somente a tecnologia poderia nos fornecer. Basicamente, ele nos permite criar "quadros" (como os quadros de parede das startups mesmo) e, dentro deles, criar e movimentar cartões (que seriam como os *post its*). Dentro de cada um desses quadros é possível criar "listas" (como "colunas", que representam assuntos específicos); e, então, dentro de cada uma dessas listas é que se poderá acrescentar cartões (*post its*). Cada cartão, por sua vez, pode ser individualmente editado, com a inclusão de tarefas, etiquetas coloridas, indicação de pessoas responsáveis, *checklists*, prazos, lembretes, arquivos internos e diversas outras possibilidades.

---

[34] Esta dinâmica de *post its* é a base para o também famoso *Business Model Canvas* (algo como "quadro do modelo de negócios"), muito difundido no universo das *startups* para montagem de planos de negócio. Para quem tem interesse em conhecer outros modelos, estudar o *Business Model Canvas* será muito enriquecedor.

Uma STARTUP-ESCRITÓRIO DE ADVOCACIA pode se beneficiar do TRELLO em uma série de operações (veremos adiante), mas neste momento trataremos apenas da APRESENTAÇÃO INSTITUCIONAL. Neste aspecto, é possível fazer, por exemplo, o seguinte:

> ➢ EM UM QUADRO "APRESENTAÇÃO INSTITUCIONAL" NO TRELLO:

Poderá ser criada uma lista para cada uma das CINCO ÁREAS VITAIS da sua STARTUP-ESCRITÓRIO DE ADVOCACIA. Da seguinte forma:

- LISTA "IDENTIDADE INSTITUCIONAL":

Dentro da lista, na posição "1", cria-se um cartão destinado ao PTM.

Assim, utilizando o meu caso como exemplo, o primeiro cartão da lista/coluna teria escrito o seguinte: *"Propósito Transformador Maior: Alterar os paradigmas da advocacia brasileira, humanizando relações, facilitando a conquista de objetivos e fazendo do Direito um instrumento de desenvolvimento de pessoas e instituições."*

Dentro do cartão, será possível incluir comentários que sirvam de auxílio para traduzir e fortalecer o seu PTM. Por exemplo, um comentário interno que contenha um dos valores imbutidos neste PTM, da seguinte maneira: *"Valor: Relações Horizontais – Tratamento igualitário e respeitoso a qualquer pessoa, interna ou externamente"*.

Da mesma forma, outro comentário interno: *"Valor: Transparência – Tornar as informações acessíveis; traduzir o "juridiquês"; compartilhar tarefas e resultados em equipe."*

E por aí vai, criando-se quantos comentários internos do cartão acharem adequados para expressar e tornar mais palpável o PTM.

Fechado este primeiro cartão (sobre o PTM), cria-se um segundo:

Este novo cartão poderá ser, por exemplo, "Arquivos gráficos", contendo as instruções para se encontrar todos os arquivos de imagem relacionados ao escritório – isto é: em qual pasta estão e como acessá-los.

Outro cartão, por exemplo, pode ser "Presença Virtual", contendo um link para todas as plataformas em que o escritório está digitalmente inserido – site, webmail, Toggl, Google (Drive, Mybusiness, Adwords...), o próprio Trello, Linkedin, Facebook, Instagram e onde mais estiver presente. É válido que dentro do cartão conste uma pequena instrução de acesso e, ainda, quando for o caso, qual a estratégia de atuação naquele ambiente específico. Se preferir, crie comentários internos para cada ambiente virtual, fazendo a devida referência.

Ainda, em outra posição, pode ser criado um cartão "Ambiente de Trabalho", contendo, dentro dele, as instruções que julgar necessárias sobre o seu ambiente de trabalho. Por exemplo: *Sala de Reunião – Em reuniões, mantê-la equipada com canetas, blocos de nota, máquina de café e água.*". Acrescente o que mais achar necessário para os demais ambientes, seja sala de espera, copa, banheiro ou salas de trabalho.

Estes foram apenas exemplos. É importante que a função da lista IDENTIDADE INSTITUCIONAL cumpra o objetivo de apresentar (não à toa o quadro se chama "APRESENTAÇÃO INSTITUCIONAL") a identidade do seu escritório, nos seus diferentes aspectos. Para tanto, não deixe de acrescentar quantos cartões achar necessário. Siga o preenchimento da lista da maneira que melhor convier ao seu negócio.

- Lista "Operacional":

Esta é a lista adequada para se incluir tudo aquilo que é importante no dia a dia do seu escritório, mas que não se confunde com as tarefas diárias em si. Trata-se de uma apresentação sobre os aspectos relevantes da rotina de trabalho.

Por exemplo: "Atualização Processual – Conferir diariamente as publicações e andamentos do dia e atualizar na Área do Cliente, no site do escritório". Outro: "Reunião de equipe – Reunir-se toda sexta-feira para redistribuição de tarefas e verificação de questões gerais". Ainda: "Prazos – Verificar diariamente, na lista de "Publicações e Prazos", quais são os prazos mais próximos e se já há profissional responsável pela tarefa.". Da mesma forma: "Produtividade – Lançar no *timesheet*, todos os dias, as horas de trabalho realizadas"

- Lista "Administrativo":

Será nesta lista que estarão inseridas as eventuais orientações relacionadas à parte administrativa da sociedade. Quais os elementos que você utiliza para medir a sua produtividade e como acessá-los? Onde ficam os seus relatórios internos? Onde você guarda a documentação do seu escritório? Qual o seu contador? Onde você emite notas? Como acessá-las? Onde ficam guardados os seus contratos? Onde estão as informações sobre o seu aluguel, IPTU e contas de consumo em geral? Quais os itens de papelaria que você deve sempre manter no escritório e em qual quantidade? Qual o seu maquinário de TI? Tudo isso deve ser respondido neste momento.

No meu caso, preferi inserir neste cartão apenas o caminho de acesso até a pasta do Google Drive que contém todas essas questões de caráter administrativo. Lá, por sua vez, cada um dos pontos está separado e organizado nas pastas correspondentes.

- Lista "Financeiro":

Dentro desta lista é importante que haja pelo menos um cartão para cada um dos seguintes itens essenciais: Balanço Financeiro e como acessá-lo; Política de Remuneração, incluindo detalhes sobre Prolabores e critérios claros para Distribuição de Lucros; e Reembolso de Despesas.

- Lista "Planejamento estratégico, marketing e vendas":

Insira nesta lista o seu plano de ação visando o crescimento da sociedade. É importante que seja definido qual é o *projeto* a ser realizado para este propósito, qual será o *meio* utilizado para a sua execução, qual é o *prazo* estimado e qual é o *resultado* aguardado.

Com base nisso, responda a si mesmo: Como será feita a prospecção de clientes? Conteúdos exclusivos?

Newsletters informativas? Google Adwords? Encontros presenciais? Palestras? Cursos? Parcerias? E ainda: qual o resultado que se espera obter através dessa estratégia?

| 2. DESENVOLVIMENTO DE UMA IDENTIDADE VISUAL

Conforme mencionamos anteriormente, a identidade do seu negócio não pode se confundir com a identidade dos sócios. Isso vale também para o aspecto visual, que, igualmente, está relacionado à PRIMEIRA ÁREA VITAL ("IDENTIDADE INSTITUCIONAL"). Lembre-se: "A existência pressupõe uma aparência" – dissemos isso ao abordarmos a "H-0" do MVP, na Parte Um deste livro.

Sabendo disso, então, indagamos: quais os elementos gráficos que nos permitem identificar que estamos diante de um "Escritório de Advocacia / Organização Profissional", que possui identidade própria?

Direto ao ponto, os elementos primários são:

- LOGO;
- CARTÃO DE VISITAS;
- SITE (E OUTRAS PRESENÇAS DIGITAIS); e
- PETIÇÃO PADRONIZADA.

O custo para desenvolver estes quatro primeiros itens pode ser muito baixo, caso preciso. A título de exemplo – vide capítulo "A Concepção do seu Mínimo Produto Viável" –, eu e meu sócio gastamos R$ 298,78 em 2015 para a montagem de site, e-mail e cartões de visita; mais o tempo despendido para desenvolvimento da logo (que nós mesmos fizemos à época) e de uma organização estética padronizada para as nossas petições (cabeçalho, fonte, tamanho, parágrafo, divisão de títulos, rodapé etc).

Em um segundo momento, havendo melhores condições financeiras, também é válido providenciar o que chamo de "elementos secundários" (em relação ao que identifica visualmente o seu negócio). Seria o caso da personalização de itens como:

- BLOCOS DE NOTAS;
- PASTAS;
- ENVELOPES; e
- CANETAS.

Indo além dos elementos primários e secundários, mas ainda ficando dentro da operação "Desenvolvimento de uma identidade visual", merece atenção a aparência que você dá à sede do seu escritório – e como ela é apresentada para o cliente que chega presencialmente até lá. Ao pensar neste aspecto, é importante entender: qual a imagem que você quer transmitir para quem vai pessoalmente até o seu escritório? O que essa pessoa entende sobre o seu negócio ao entrar em sua sede? E, além disso: como o ambiente em questão impacta aqueles que vivem o dia a dia da equipe de trabalho?

Os elementos essenciais nesta situação são LIMPEZA e ORGANIZAÇÃO. Posteriormente, quando houver margem econômica para tanto, pense em acrescentar elementos como PAINEL GRÁFICO, preso à parede, com a logo do escritório; FOLHETO DE APRESENTAÇÃO DO ESCRITÓRIO; e OUTROS ELEMENTOS DE DECORAÇÃO EM GERAL, como quadros, abajures, estatuetas de mesa etc.

Todos esses elementos, primários ou não, representam maneiras de tornar visualmente identificável o seu escritório – a sua organização profissional, própria, "independente".

3. Arquivamento de Dados

A operação "Arquivamento de Dados" é, junto com a operação de "Criação de uma Apresentação Institucional", ponto fundamental para que o seu negócio seja efetivamente organizado – no sentido de se ter tudo acessível e no seu devido lugar.

A ligação entre essas duas operações é direta: enquanto uma ("Criação de uma Apresentação Institucional") é responsável por fornecer as diretrizes e orientações de acesso aos arquivos e informações do negócio; a outra ("Arquivamento de Dados") é efetivamente o local onde esses arquivos estão e como eles estão divididos.

Ao realizar o arquivamento, é importante ter em mente que a estrutura montada deverá ser capaz de apresentar, através dos arquivos, tudo aquilo que (1) forma o seu escritório, e (2) já foi gerado a partir dele. Você precisará saber acessar cada elemento que compõe o seu negócio, desde o documento de constituição da sociedade até as petições mais recentes, passando pelas estratégias de crescimento utilizadas. É uma operação precipuamente ligada à TERCEIRA ÁREA VITAL (ADMINISTRATIVA), mas, de certa forma, possui relação com todas as outras.

Na prática, isso pode se refletir em um *drive online* (Google Drive, Dropbox, OneDrive ou qualquer *drive* seguro e de fácil acesso que você prefira utilizar), organizado de forma inteligente. A vantagem de um *drive* "na nuvem" está na união entre praticidade e preço: é de fácil acesso e compartilhamento com o restante da equipe; ao mesmo tempo em que é gratuito (até uma certa capacidade de armazenamento) ou com preços muito acessíveis (a partir do momento em que se precisa de mais espaço).

Uma vez definido qual drive será utilizado, é hora de organizá-lo. É possível atingir uma divisão simples, intuitiva e, ao mesmo tempo, muito eficaz. Sugiro a seguinte:

Na pasta raíz, crie três pastas principais:

- "CLIENTES";
- "CONTEÚDOS";
- "ADMINISTRATIVO".

Como o próprio nome indica, dentro da primeira pasta principal, "Clientes", você separará os arquivos em conformidade com os clientes do seu escritório, por nome. Antes, porém, lembre-se de agrupá-los entre "Ativos", "Inativos" e "Sondagens", criando as respectivas subpastas para cada um. Ao fazer isso, ao mesmo tempo que você destaca quais clientes estão de fato ativos, também mantém acessíveis os "clientes em potencial" – aqueles que já contrataram ou já pensaram em contratar os seus serviços.

Dentro da pasta com o nome do cliente, por sua vez, sugiro que seja feita uma separação entre "Documentos Gerais", "Honorários" e "Serviços". O destaque à pasta "Honorários", desvinculada a um serviço específico, é muito relevante – tanto por um aspecto psicológico, de não se esquecer da sua importância, quanto por uma questão de praticidade de consulta, para acessar facilmente aquilo que foi combinado.

Em "Serviços", crie uma subpasta para cada um dos serviços realizados para aquele cliente, seja este serviço judicial ou extrajudicial, e mantenha dentro dela os arquivos correspondentes. O restante, que é "geral", pode ser armazenado na pasta "Documentos Gerais".

Entendida a primeira pasta principal e as respectivas subpastas que a integram, passemos a entender o que compõe a segunda pasta principal, "Conteúdos".

A denominação "Conteúdos" foi a que melhor encontrei para representar aquilo que é criado pelo escritório mas que não está relacionado a um serviço (diretamente ligado a um cliente) ou uma questão administrativa (diretamente ligada à gestão do negócio em si). Assim, a pasta é preenchida por assuntos como "Estudos", "Estratégias de Marketing", "Modelos", "Apresentação Institucional", "Mídias", "Redes Sociais" etc. A organização dela não demanda grandes subdivisões. Sugiro que se mantenha uma pasta para cada assunto, sem complicações.

A terceira e última pasta principal, chamada "Administrativo", é, como o próprio nome indica, aquela destinada a manter tudo aquilo que se relaciona à administração do negócio, sua constituição e gestão interna. Algumas subpastas são imprescindíveis. Por exemplo: "Constituição da Sociedade", contendo informações sobre o Contrato Social e suas alterações, inscrição na OAB, Receita Federal, Prefeitura (lembrando da emissão de notas fiscais) e Alvará de funcionamento; "Recursos Humanos", contendo as informações de cada sócio e empregado do escritório; "Simples Nacional", contendo os comprovantes do pagamento tributário; "Identidade Visual", contendo os modelos de arquivos e elementos gráficos relacionados à apresentação visual do escritório, como logo e site; "Sede", contendo as informações referentes à sede física do seu negócio, como contratos de aluguel, compra de móveis e eventuais reformas realizadas; "Informática", para que se mantenha sempre acessível um inventário dos equipamentos de informática do escritório; "Comprovantes", para que se tenha guardado os devidos comprovantes de compra de bens e pagamentos de serviços contratados; "Relatórios", para que se mantenha arquivado todos os relatórios relacionados à gestão interna, como relatório de horas trabalhadas, casos ganhos, estratégias utilizadas, dentre outros; e, claro, uma das pastas mais importantes: "Financeiro", para se guardar as planilhas, anotações e demais arquivos relacionados à gestão financeira do negócio.

4. Gestão de equipe, desenvolvimento e distribuição de tarefas

Esta é a principal operação relacionada à SEGUNDA ÁREA VITAL (OPERACIONAL).

Uma equipe bem gerida, com tarefas bem distribuídas e que façam sentido para quem as realiza, deve ser quase uma obsessão para uma STARTUP-ESCRITÓRIO. Executar isso adequadamente fará com que você reforce os pilares do negócio, os valores da sociedade e o sentimento de time, com união da equipe em busca de um mesmo propósito.

A ferramenta que sugiro para a manutenção desta operação é, novamente, o TRELLO. Dentre os muitos benefícios que o aplicativo pode proporcionar a um escritório do "tipo startup", o bom funcionamento da operação "gestão de equipe, desenvolvimento e distribuição de tarefas" é, sem dúvidas, o maior deles.

Citarei, um pouco mais detalhadamente, o exemplo do meu escritório – e, como conseguimos, apenas usando o TRELLO, montar uma distribuição de tarefas eficiente e que, ainda por cima, reforça semanalmente os valores do nosso negócio.

A operação se divide em duas partes importantes: a primeira diz respeito à utilização, por toda a equipe, de um QUADRO do TRELLO onde estejam previstas todas as tarefas a serem realizadas pelo escritório; já a segunda diz respeito à realização de uma reunião semanal, para que se possa debater os casos em andamento, suas estratégias, e, claro, efetivamente distribuir as tarefas entre os membros da equipe.

Assim, temos o seguinte em cada uma dessas partes citadas:

➢ PARTE UM - CRIAÇÃO, DENTRO DO TRELLO, DE UM QUADRO DENOMINADO "EQUIPE":

O Trello possui a opção de criar um "Time". Ao fazê-lo, você manterá um espaço onde apenas os membros desse time terão acesso ao conteúdo. Neste ambiente, será possível criar vários "quadros" para a sua equipe. Um desses quadros, tal como mencionamos anteriormente, poderá ser o "Apresentação Institucional". Outro quadro – até mais importante – poderá ser o "Equipe". É dele que falamos agora.

O objetivo do quadro "Equipe" será o de funcionar como uma espécie de *"To do list"* mais sofisticada. Haverá, de certa forma, uma seção *"To do"* ("A fazer"); outras seções *"Doing"* ("Fazendo"); e, por fim, uma seção *"Done"* ("Feitos").

Melhor explicando:

• LISTA "AUDIÊNCIAS E PRAZOS":

Apesar da menção direta a "audiências" e "prazos", esta será, basicamente, a sua seção *"To do"*. A lista deverá compreender toda e qualquer tarefa que deve ser feita pelo seu escritório.

Isso, aliás, remonta a um aspecto muito importante da sua organização de equipe: trabalho algum poderá estar "voando", sem uma data de prazo estabelecida – ainda que a definição desta data seja uma invenção da própria equipe. Aconselho, inclusive, que sejam adotadas certas regras de preenchimento do cartão, para facilitar uma identificação mais rápida entre aquilo que é "prazo processual", "audiência", "reunião" ou uma tarefa mais simples.

No meu escritório, por exemplo, utilizamos o seguinte modelo de cartão:

"SIGLA (de identificação de uma tarefa de alta importância) – NOME DO CLIENTE – 0000000-00.0000.0.00.0000 (número do processo, se houver um caso atrelado) – Breve descrição do que deve ser feito – Data limite para se fazer esta tarefa".

Assim, em um exemplo mais prático, seria algo semelhante ao seguinte:

"PZ – FULANO DE TAL - 0000000-00.0000.0.00.0000 – Elaborar Apelação - 12/08/2025".

Isto é: pelo "PZ", sei que se trata de um prazo processual; em seguida, pelo nome, sei que o cliente relacionado é o "Fulano de Tal"; depois, sei que se trata de uma tarefa relacionada ao processo "0000000-00.0000.0.00.0000"; por fim, sei que a tarefa será "Elaborar Apelação" e que o prazo para fazê-la será até "12/08/2025".

A utilização de um modelo de cartão nestes moldes já funciona perfeitamente para a operação de gestão da equipe e distribuição de tarefas. Através dele, o seu cartão será facilmente agrupável, por conta das classificações, e de rápida compreensão. O TRELLO, contudo, ainda te permite ir além, com diversas outras funcionalidades. Há, por exemplo, a possibilidade de marcar o cartão com etiquetas em diferentes cores (por exemplo, a cor vermelha para algo muito urgente); ou a possibilidade de se atribuir pessoas responsáveis pela tarefa descrita no cartão; ou, ainda, inserir *cheklists* e comentários que ficam "dentro" do cartão, caso sejam necessários mais detalhes; sem contar a possibilidade de programar ações automáticas, dentre outras funcionalidades que lhe podem ser úteis.

A utilização destas funcionalidades mais sofisticadas do TRELLO será algo que cada equipe poderá explorar por conta própria, em conformidade às suas preferências e demanda interna.

Passemos, agora, para a compreensão das colunas representativas das seções *"Doing"* e *"Done"* do seu quadro.

- LISTAS COM OS NOMES DOS PROFISSIONAIS DA EQUIPE:

Sabendo o que há na lista "geral", de audiências e prazos, é necessário que cada profissional tenha, separadamente, o controle de qual tarefa está sob a sua responsabilidade. A forma que vejo de melhor fazer isso é através da criação de listas próprias, individualizadas por nome. Fazendo assim, será como se cada membro da equipe tivesse a sua própria lista *"Doing"* ("Fazendo") – a qual, dentro dela, constarão os respectivos cartões das tarefas que, naquele momento, estão sob a responsabilidade do profissional que dá nome à lista.

Isto é, em resumo, o seguinte: dentro do quadro "Equipe", será criada, além da lista geral de "Audiências e Prazos", outras listas com os nomes dos profissionais que integram a sua equipe – sendo uma lista para cada profissional, do sócio fundador ao estagiário. Dentro das listas, por sua vez, deverá ser inserida uma cópia de todo e qualquer cartão que esteja sob a responsabilidade deste profissional. Neste aspecto, inclusive, destacamos a importância de que, dentro da lista dos profissionais, os cartões sejam de fato apenas cópias. O cartão original da tarefa deverá permanecer na lista "Audiências e Prazos", para controle e conferência futura.

Por fim, em relação à organização das listas individuais, aconselho fortemente que os cartões sejam ordenados de acordo com os seus prazos de realização. Fazendo assim, os primeiros da lista sempre serão os cartões das tarefas mais urgentes, cujos prazos estão mais próximos. Isso ajudará o profissional a priorizar os trabalhos corretos e melhor organizar a própria rotina. Ao longo da semana, os cartões das tarefas finalizadas deverão ser arrastados para o quadro "Feitos", liberando espaço na lista do integrante da equipe que realizou aquela determinada tarefa.

- LISTA DE FEITOS DO MÊS:

Para completar: a seção *"Done*, ou "Feitos", representada por uma lista que terá a função de ser o destino dos cartões de tarefas já finalizadas.

Sugiro que seja feita uma segmentação pelos meses do ano. Assim: para o mês de janeiro, uma lista "Feitos – Janeiro"; para o mês de fevereiro, uma lista "Feitos – Fevereiro"; e daí por diante. Fazendo deste modo – arquivando a lista de um mês já encerrado e criando uma nova lista para o mês que se inicia – você mantém uma divisão de tarefas mensal, e isso te auxiliará em consultas futuras. Quando, em algum momento, você quiser consultar o que foi feito anteriormente pelo seu escritório, bastará buscar em seu arquivo do Trello a lista "Feitos" do mês procurado e, então, consultar os cartões que estão nela inseridos.

➤ PARTE DOIS - REALIZAÇÃO DE REUNIÕES SEMANAIS DE EQUIPE:

Uma vez que já se sabe como utilizar o quadro "Equipe", chega a hora de descobrirmos a segunda parte da operação: como manter este quadro sempre bem gerido e equilibrado.

A melhor forma de fazer isso é através de reuniões semanais de equipe. O objetivo principal será o de verificar as tarefas gerais do escritório, seus prazos e como está a distribuição de responsabilidades entre os profissionais. Caso haja qualquer desequilíbrio, será o momento de consertar. E claro: há espaço para debate de ideias, sugestões e o que mais interessar o desenvolvimento das atividades.

Ao longo da semana, o profissional responsável pelo acompanhamento dos andamentos e publicações dos processos deverá ter inserido na lista "Audiências e Prazos" tudo aquilo que demanda uma ação futura. Na reunião semanal, então, caberá à equipe distribuir estas novas tarefas entre os profissionais da equipe.

Fazendo assim, as obrigações do escritório estarão sempre bem controladas, sob uma supervisão colaborativa e distribuição o mais equilibrada possível entre os membros da equipe. Paralelamente, você perceberá que o hábito da reunião semanal poderá resultar no fortalecimento do sentimento de time e, mais ainda, nos valores da instituição.

| 5. CONTROLE DE PRAZOS

A operação "Controle de Prazos" está diretamente relacionada à SEGUNDA ÁREA VITAL (OPERACIONAL), e deve estar muito alinhada à operação anterior, de "Gestão de Equipe, Desenvolvimento e Distribuição de Tarefas". Afinal, o prazo nada mais é do que uma tarefa oriunda de um processo ou serviço.

O segredo de um bom controle de prazos está na permanente verificação das movimentações processuais e, a partir daí, da inserção de cartões de tarefas na lista "Audiências e Prazos", do quadro "Equipe".

Esta verificação das movimentações poderá ser feita através dos serviços gratuitos de PUSH (para andamentos processuais) e RECORTE DIGITAL DA OAB (para publicações processuais). Utilize um único endereço de e-mail para ambos os serviços e, então, verifique diariamente a caixa de entrada do e-mail em questão – criando, na sequência, os cartões de tarefa que achar necessários, conforme verificação.

Fazendo assim, você manterá os seus processos sempre bem administrados, assim como os seus cartões de tarefas estarão atualizados.

Alguns *softwares* realizam automaticamente a captura dos andamentos processuais e já lançam diretamente os prazos no sistema. Eu confesso que, particularmente, prefiro que o software apenas capture o andamento, mas deixe o lançamento para dependente de uma conferência humana – até para que o processo seja melhor atualizado em nosso sistema e, assim, também chegue ao cliente da forma mais compreensível possível.

| 6. MANUTENÇÃO DE SERVIÇOS E *FEEDBACK* AO CLIENTE

Esta é mais uma operação que se relaciona com a anterior – e também está atrelada à SEGUNDA ÁREA VITAL (OPERACIONAL). Será através de um adequado "Controle de Prazos" que você será capaz de realizar a manutenção dos seus serviços e, logicamente, de também fornecer *feedback* aos seus clientes.

Para isso, você precisará possuir algum tipo de relatório processual. Neste ponto, existem algumas alternativas:

No caso do meu escritório, o primeiro modelo de relatório adotado foi um simples arquivo em Word. Cada cliente possuía o seu arquivo individualizado, que ficava dentro da sua respectiva pasta. Dentro do arquivo, havia uma tabela para cada processo desse cliente. Dentro da tabela, por sua vez, eram inseridas as principais informações daquela determinada ação (basicamente: número, origem, nome das partes, valores envolvidos, principais assuntos, probabilidade de êxito, honorários cobrados, observações gerais e resumo dos andamentos processuais). Fazendo isso diariamente, enviávamos uma mensagem ao cliente sempre que um andamento relevante acontecia em um de seus processos.

Esta atividade contudo, demandava um tempo considerável de dedicação diária. Com a experiência, começamos a perceber que a utilização de um *software* jurídico poderia, além de centralizar o local dos relatórios, também encurtar e acelerar algumas das etapas da operação. Pensando nisso, então, começamos a buscar no mercado alternativas de sistemas para gestão de processos em um escritório de advocacia. Após estudarmos alguns e avaliar o custo benefício a longo prazo, concluímos que o melhor seria investirmos na criação da nossa própria ferramenta – uma que fosse capaz de cadastrar uma ficha com informações gerais do cliente; cadastrar os processos desse cliente e fornecer os respectivos relatórios; e, ainda, enviar *feedback* automático por e-mail. A partir daí, então, que desenvolvemos a nossa "Área do Cliente ADV"[35].

É claro que você não precisa desenvolver o seu próprio *software* jurídico para manter de maneira satisfatória a operação de manutenção de serviços e *feedback* ao cliente. Existem muitos sistemas disponíveis no mercado, inclusive gratuitos, que já cumprem a função, seja de maneira mais ou menos completa. E, claro: se você preferir, também pode utilizar perfeitamente o modelo via relatórios *Word*, que já é suficiente para a efetividade da operação, apesar de deixá-la mais demorada.

Independentemente de qual modelo você venha a utilizar, é importante sempre tentar manter estes dois aspectos interligados: o INTERNO, com os dados voltados para orientação da equipe; e o EXTERNO, com os dados voltados

---

[35] Caso queira maiores informações sobre o sistema, acesse www.advocaciastartup.com.br, clique em "ver produtos" e, então, encontre a opção "Área do Cliente ADV".

para informar adequadamente aos clientes sobre os serviços que estão sendo realizados.

Trazendo isso para o exemplo do nosso *software* "Área do Cliente ADV", temos que o seu desenvolvimento se deu de maneira atenta a estes dois aspectos. Isso resultou em um sistema que se exterioriza através de duas interfaces: (i) uma interna, para a equipe; (ii) outra externa, para o cliente.

O ambiente interno ficou voltado exclusivamente para acesso da equipe, tendo esta a responsabilidade de alimentar o sistema com todas as informações relevantes relacionadas aos clientes – desde a sua ficha, com os principais dados da pessoa, até, claro, os seus relatórios processuais. A interface externa, por sua vez, foi desenvolvida para o acesso do cliente, através de um login e senha próprios. O objetivo deste ambiente externo é trazer à exibição apenas as informações relacionadas ao referido cliente: seus dados, seus arquivos, seus processos ou serviços, e os principais andamentos destes processos ou serviços, deixando "escondidas" as demais informações da interface interna do sistema – que somente poderão ser enxergadas pela equipe do escritório, única com acesso a ela.

Assim, todas as informações que antes eram inseridas no relatório em arquivo *word* passaram a ser colocadas no relatório da Área do Cliente ADV. As vantagens foram muitas:

Os relatórios passaram a estar centralizados em um único local, na "nuvem", acessível de qualquer computador com internet. A busca por informações também passou a ser centralizada, inclusive com ferramenta de busca, sem a dificuldade de se ter um arquivo separado para cada cliente. O *feedback* foi aprimorado e automatizado, de modo que sempre que há o cadastro de um novo andamento, o cliente recebe um e-mail automático, informando que houve movimentação no seu caso; e se, contudo, ocorre um longo período sem movimentação, o cliente também recebe um e-mail automático, com a informação de que, apesar do tempo de inatividade, o processo está sendo cuidado e a equipe está à disposição para esclarecer eventuais dúvidas.

Seja qual for o modelo adotado, existe um alerta que deve ser feito em relação a qualquer *feedback* realizado através de mensagem ou relatório processual: muito cuidado com o "juridiquês". É importante, neste aspecto, que a equipe tenha especial atenção ao cadastrar os andamentos processuais no relatório. É preciso torná-lo o mais compreensível possível, mesmo aos olhos do leigo. Se, por exemplo, isso não for feito ao se alimentar os andamentos de um *software* jurídico, de nada adiantará a automatização de *feedback*, pois o cliente acabará precisando entrar em contato com o escritório para entender corretamente o significado do novo andamento.

| 7. Produção de conteúdo

A produção de conteúdo é a operação mais evidente – e sem mistérios – do seu negócio. A sua STARTUP-ESCRITÓRIO produzirá, assim como qualquer escritório de advocacia, peças processuais, pareceres, contratos, notificações, e-mails, textos informativos, relatórios, documentos padronizados e o que mais for necessário no dia a dia da profissão.

Esta operação é, em outras palavras, a própria realização das tarefas diárias do seu negócio. Está precipuamente ligada à SEGUNDA ÁREA VITAL (OPERACIONAL), mas também se relaciona com a PRIMEIRA ÁREA VITAL (IDENTIDADE INSTITUCIONAL) e com a QUINTA ÁREA VITAL

| 8. Medição de Produtividade

Toda tarefa e conteúdo produzido pelo seu escritório deverá, de alguma forma, ser medido. Isso permitirá a você colocar em prática o Princípio da "Aprendizagem Validada", da Metodologia Enxuta – citado na Parte Um do livro.

Para fazer isso, é importante que se tenha bem definido um parâmetro de medição do trabalho, de modo tal que, no futuro, os dados então medidos sirvam de base para você os analisar e, a partir de então, elaborar suas estratégias de aprimoramento.

O melhor parâmetro – que ninguém ainda conseguiu superar – é, na minha opinião, o do "tempo gasto por tarefa".

Com conhecimento sobre o *quanto* de tempo é gasto para a execução de um trabalho; ao se ter ciência de *como* estes trabalhos são realizados; e ao se saber *quanto* tais trabalhos rendem – em termos financeiros e de realização pessoal – você terá à disposição todos os elementos necessários para traçar o melhor planejamento do seu negócio.

A ferramenta que utilizo para fazer essa medição é o TOGGL, um aplicativo de rastreamento de tempo que ainda fornece relatórios detalhados das suas atividades – tudo *online* e de forma gratuita.

Através do TOGGL, você tem a opção de contabilizar o tempo gasto em qualquer tarefa executada, vinculando esta a um PROJETO de um CLIENTE. Isto é, você cadastra na plataforma os seus CLIENTES; vincula, a um determinado cliente, quantos PROJETOS forem necessários (por exemplo, "Ação de Cobrança número X") e, então, poderá vincular quantas ATIVIDADES quiser a estes projetos (por exemplo, "Elaboração de petição inicial").

Fazendo isso, você permite que a plataforma consiga gerar relatórios muito precisos e valiosos. Será possível, por exemplo, saber quanto tempo é gasto com cada cliente, cada projeto ou cada tarefa, delimitando o período de análise pelo intervalo de tempo que desejar.

No meu escritório, exemplificando, costumamos fazer uma avaliação geral a cada ciclo de três meses (tomamos o Google como exemplo). Analisamos quais foram os clientes mais lucrativos naquele período, quais foram as tarefas que mais demandaram tempo, qual foi o projeto com a melhor relação hora/ganho, dentre outras avaliações.

Para que esta análise seja precisa, é necessário que os dados estejam corretos: a equipe deve ser muito comprometida em marcar, de maneira fidedigna, o tempo efetivamente gasto com toda e qualquer tarefa. Isso vale também para as atividades de cunho administrativo. Para tanto, aconselho que seja criado um cliente fictício chamado "Administrativo", e, dentro dele, sejam cadastrados projetos que abarquem a matéria ("Financeiro", "Atualização Processual", "Reuniões de Equipe", "Prospecção de clientes", dentre outros).

Além dos benefícios diretos da medição de produtividade – ligados às ÁREAS VITAIS "ADMINISTRATIVA" E "OPERACIONAL" – o TOGGL ainda é uma importante ferramenta para parte da operação de "Controle Financeiro, Política de Remuneração e Cálculo de Honorários" – que, logicamente, está relacionada à quarta ÁREA VITAL ("FINANCEIRA"). Vejamos a seguir.

9. GESTÃO FINANCEIRA: CONTROLE DE GANHOS E DESPESAS, POLÍTICA REMUNERATÓRIA E CÁLCULO DE HONORÁRIOS

A gestão financeira é uma das operações mais importantes – senão a mais importante – de qualquer negócio. Para o caso de uma STARTUP-ESCRITÓRIO, ela se subdivide em três partes que influenciam uma à outra. São elas: controle de ganhos e despesas; política remuneratória; e cálculo de honorários. Vejamos, uma a uma, como elas podem ser realizadas.

➢ CONTROLE DE GANHOS E DESPESAS:

O coração de uma boa gestão financeira está no controle básico de ganhos e despesas. A sua sociedade precisa ter, de maneira bem documentada e individualizada, o registro de tudo aquilo que gera de receita e tudo aquilo que tem de gasto, seja ordinário ou extraordinário. Os valores – que devem estar assinalados em um controle de caixa único do escritório, dissociado da vida financeira dos sócios – precisam estar categorizados e minimamente previstos desde o início do mês, de forma a auxiliar no planejamento.

Isso pode se materializar por meio de uma simples planilha em Excel ou até mesmo pelo uso de um sistema *web* de gestão financeira. Muitos *softwares* jurídicos, inclusive, possuem uma seção voltada para essa necessidade.

No caso do meu escritório, preferimos no início fazer uso do bom, velho e barato, Microsoft Excel. Nos primeiros momentos, o modelo de planilha que elaboramos foi o mais simples possível: havia colunas de "data", "entradas", "saídas", "categoria", "descrição", "parcela" (para o caso de valores parcelados) e "fonte/destino". Com o passar do tempo, contudo, fomos desenvolvendo um modelo que melhor nos atendesse. Hoje, a nossa planilha verifica automaticamente o pagamento de clientes mensalistas, contém uma previsão detalhada de ganhos e despesas e, dentre outros, calcula, também automaticamente, quanto o lucro daquele mês está impactando no cálculo da próxima distribuição de lucros entre os sócios. Essa planilha Excel já é muito rica de informações e tem tudo o que é preciso para a gestão financeira. O passo de evolução seguinte é integrá-la à Área do Cliente ADV, mas isso não chega a ser uma necessidade.

As categorias que adotamos para classificar os valores de entrada e saída foram as seguintes: "Despesa Operacional", "Mobiliário", "Tributos", "Previdência", "Contratados", "Correspondentes", "Contador", "Serviços Bancários", "Contas de Consumo", "Infraestrutura", "Despesa Reembolsável", e "Honorários". Através destas categorias, buscamos, com base no nosso histórico e planejamento, fazer uma previsão, mês a mês, de quanto dinheiro cada uma das categorias movimentará.

> POLÍTICA REMUNERATÓRIA:

Aconselho fortemente que a Política Remuneratória do seu escritório esteja bem fundada no terceiro pilar de uma STARTUP-ESCRITÓRIO DE ADVOCACIA (TRANSPARÊNCIA). Afinal de contas, esta parte da operação revela muito sobre como os sócios tratam e enxergam os demais integrantes da equipe. É importante, portanto, que a mesma seja compatível com os valores do escritório, em sua integralidade.

Neste sentido, as informações sobre a remuneração dos profissionais e os critérios para a sua definição não podem ser um segredo para os integrantes da equipe. Da mesma forma, não pode o cálculo da Participação dos Lucros ser uma completa incógnita, ou mesmo algo muito difícil de se decifrar (como é o mais comum).

Trazendo isso para exemplos práticos, cito o modelo adotado pelo meu escritório (que citamos brevemente antes, mas é válido pormenorizá-lo agora):

Em nossa Política de Remuneração, implementamos, como regra, duas espécies de pagamento: uma, de PROLABORE BASE, em valor fixo, com frequência mensal; e, outra, de PARTICIPAÇÃO NOS LUCROS, em valor variável, com frequência trimestral. Todos os integrantes da sociedade recebem os dois tipos de remuneração. Em relação ao PROLABORE BASE, definimos como regra que os sócios fundadores, que recebem o maior prolabore base, não poderiam receber quantia maior do que o dobro do segundo maior prolabore, o qual, por sua vez, também não poderia receber mais do que o dobro dos prolabores logo abaixo, e assim por diante. Já em relação à PARTICIPAÇÃO NOS LUCROS, definimos como critério uma divisão abolutamente igualitária: todos os integrantes da equipe recebem o mesmo valor, independentemente do cargo. E a fórmula para calcular este valor é bem simples: do lucro obtido no período, a metade é guardada para reinvestimento no próprio escritório, enquanto a outra metade é distribuída em partes iguais entre todos da equipe que trabalharam durante aquele período em questão.

Fazendo isso, adotando uma Política de Remuneração transparente e que não dá margem ao surgimento de um sentimento de exploração – o escritório acaba colhendo os frutos de uma equipe mais unida, colaborativa, e que trabalha equilibradamente em prol de um mesmo objetivo.

> ➤ CÁLCULO DE HONORÁRIOS:

A última parte da operação de gestão financeira é também a mais difícil. A maioria dos advogados costuma estipular o valor dos seus honorários sem aplicar qualquer critério bem definido. Em geral, dá-se apenas um "chute" de quanto deveria ser precificado o serviço e, então, insere-se o que foi definido nos moldes de uma proposta de honorários. Isso, geralmente, faz com que não cobremos corretamente pelo nosso trabalho.

Para diminuir os erros deste momento, acredito que a medida mais correta é seguir um método que leva em consideração quatro fatores: as duas partes anteriores desta operação ("controle de ganhos e despesas" e "política remuneratória", como fatores "1" e "2", respectivamente); um pouco da operação "Medição de Produtividade" (como o fator "3"), feita através do aplicativo TOGGL; e, ainda, o da probabilidade de ganho econômico ao final do serviço (fator "4").

Pragmaticamente falando, o PRIMEIRO PASSO do método será descobrir o VALOR MÍNIMO da sua HORA DE TRABALHO.

Para isso, é preciso voltar as atenções para o TOGGL e, então, descobrir qual a MÉDIA DIÁRIA de HORAS EFETIVAMENTE TRABALHADAS pela equipe. Uma quantidade justa, que utilizaremos aqui de exemplo para efeitos de medição, é a de 5 horas por dia. Este número, por sua vez, quando levado a uma amostragem mensal, alcança uma quantidade de 100 horas de trabalho efetivo no mês – considerando-se a média de 20 dias úteis de trabalho no período (*5 horas/dia* X *20 dias*). Guarde este número e prossiga com o método.

Descubra, com base nas suas anotações do Controle de Ganhos e Despesas, quanto é o valor da soma de todos os seus gastos. Em seguida, considerando o que foi estabelecido em sua Política Remuneratória, verifique qual a soma de todos os Prolabores Base da sua equipe. Digamos, por exemplo, que o gasto total do seu escritório seja de R$ 6.000,00 e que a soma das remunerações de três sócios seja de R$ 24.000,00. Podemos concluir, a partir daí, que o escritório, para ser financeiramente sustentável, precisa faturar cerca de R$ 30.000,00 (sendo 24.000 das remunerações e 6.000 dos gastos mensais). Este é o valor mínimo que o trabalho dos seus profissionais deve gerar para o escritório.

Considerando tais números, retomemos a atenção para a quantidade de horas efetivamente trabalhadas no mês, pela estimativa verificada via TOGGL. Para efeitos de exemplo, nós consideramos a quantidade de 100 horas no mês.

Pois bem. Sendo três profissionais, temos, então, a quantidade de 300 horas trabalhadas. Deste número, subtraia cerca de 30%, que será o tempo aproximadamente gasto com questões administrativas e/ou não remuneradas.[36] O resultado (210 horas) deve ser utilizado para dividir o valor total que o seu escritório precisa faturar (R$ 30.000,00). Desta operação (30.000 / 210), você encontrará o VALOR MÍNIMO da sua HORA DE TRABALHO – que, no exemplo que utilizamos, será R$ 142,85.

---

[36] Este percentual, logicamente, pode variar, de escritório para escritório, mas, até hoje, todos os casos práticos que aplicaram o método tiveram, segundo a própria medição, entre 20% e 30% de tempo gasto com questões administrativas e/ou não remuneradas. De qualquer forma, com o passar do tempo, verifique você mesmo se este percentual se mantém ou se precisa ser atualizado.

Sabendo este valor, deve-se passar ao SEGUNDO PASSO: definição do VALOR MÍNIMO DE UM SERVIÇO.

Para isso, é necessário fazer uma estimativa das horas que serão gastas para a execução de um determinado serviço. Seguindo no exemplo anteriormente utilizado, cuja hora mínima encontrada foi de R$ 142,85, vamos imaginar que o escritório em questão tenha sido sondado para patrocinar uma Reclamação Trabalhista. Neste momento, deverá ser feita uma previsão do tempo que será gasto para realização da tarefa. Digamos que se chegue ao seguinte: 4 horas em contatos e reuniões prévias, 4 horas para estudo e elaboração de petição inicial; 3 horas de audiência; 4 horas de peças intercorrentes; e 4 horas entre acompanhamentos durante a tramitação do caso. O total, de 19 horas, deve ser então multiplicado ao valor da hora mínima (R$ 142,85), fazendo com que cheguemos, então, ao valor mínimo de honorários que o escritório em questão precisará receber para que o caso não represente um prejuízo – R$ 2.714,15 (19 X 142,85).

Ciente de qual é o VALOR MÍNIMO DE UM SERVIÇO, deve-se passar ao TERCEIRO PASSO: a DEFINIÇÃO DO PREÇO FINAL – que também levará em consideração o potencial de ganho econômico provável de se atingir ao final do serviço.

Basicamente, será preciso avaliar o benefício financeiro que seu cliente poderá obter com a causa e, mais ainda, se este benefício possui um grau de probabilidade *provável, possível* ou *remoto* de acontecer.

Se a probabilidade de êxito for *remota*, então a sua proposta de honorários deverá incluir, primeiramente, a título de HONORÁRIOS INICIAIS, um valor não inferior à quantia calculada como VALOR MÍNIMO DO SERVIÇO. Isto é, no exemplo ora utilizado, R$ 2.714,15. Em seguida, em relação aos HONORÁRIOS DE ÊXITO, deverá ser estabelecido um percentual razoável (não inferior a 5% e nem superior a 30% do ganho), que recairá em cima do eventual sucesso ao final do processo. Se, por outro lado, após realizada a análise do benefício econômico, for considerada uma probabilidade de êxito *provável*, estaremos diante de uma situação com um risco bem menor na realização do trabalho. Nesta situação, você poderá diminuir ou até zerar, dependendo do caso, o valor cobrado como HONORÁRIOS INICIAIS. Para isso, então, será necessário avaliar se o valor do ganho econômico provável cobrirá o VALOR MÍNIMO DO SERVIÇO (R$ 2.714,15, no exemplo) anteriormente calculado.

Neste caso, novamente adaptando o exemplo anterior à hipótese (êxito provável; sem honorários iniciais), é preciso calcular a proporção que o VALOR MÍNIMO DO SERVIÇO tem em relação ao ganho provável do seu cliente. Isto é: se este ganho provável do cliente for maior ou igual a R$ 9.047,16 (100% da proporção em que 30% é o VALOR MÍNIMO DO SERVIÇO), então será possível cobrar honorários de êxito no percentual de 30% (pois sobraria ao escritório ao menos este VALOR MÍNIMO DO SERVIÇO, de R$ 2.714,15).

Caso o ganho provável seja maior do que isso, será possível até mesmo diminuir este percentual para um patamar inferior a 30%.

Se, contudo, o valor do êxito esperado for inferior a R$ 9.047,16 (lembrando: 100% da proporção em que 30% é o VALOR MÍNIMO DO SERVIÇO), será então inevitável realizar a cobrança de honorários iniciais – de forma tal que a remuneração do escritório ao final alcance, pelo menos, o VALOR MÍNIMO DO SERVIÇO calculado.

Se, por fim, a probabilidade de êxito for classificada como *possível,* a melhor alternativa será alcançar um meio termo entre as hipóteses de êxito provável e remoto.

Aconselhamos que seja cobrado ao menos um valor inicial, o quanto for possível, mas não necessariamente sendo este equivalente ao VALOR MÍNIMO DO SERVIÇO. A melhor disposição dependerá da sua avaliação pessoal da situação.

Para cenários em que não é possível estimar a quantidade de horas que serão gastas até o encerramento do caso, caberá ao escritório verificar uma estimativa mensal das horas dedicadas ao serviço. A partir daí, sugerimos que seja feito o mesmo cálculo do VALOR MÍNIMO DO SERVIÇO, só que desta vez com um parâmetro mensal. Este valor encontrado, então, será o quanto deverá ser proposto ao seu cliente como HONORÁRIOS DE MANUTENÇÃO DO SERVIÇO, com frequência de cobrança mensal.

| 10. ANÁLISE DE DADOS, PLANEJAMENTO ESTRATÉGICO E PROSPECÇÃO DE CLIENTES (VENDAS)

A última das dez operações é também a que interliga todas as outras, mas que se relaciona principalmente à QUINTA ÁREA VITAL (PLANEJAMENTO ESTRATÉGICO, MARKETING E VENDAS).

A melhor análise dos dados, planejamento estratégico e prospecção de clientes dependerá da correta execução das outras nove operações e, mais do que isso, também da devida interpretação daquilo que os dados coletados lhe dirão.

Aconselho que se tenha um marco temporal para registrar o andamento desta operação. O momento que indico é a data da reunião que revela a distribuição dos lucros à equipe – a qual deve ter um intervalo não superior a um ano, mas preferencialmente menor do que este tempo (minha sugestão: três meses).

Previamente à reunião, será preciso coletar os dados do período e identificar os pontos que precisam de maior atenção.

Verifique detalhadamente o seu controle financeiro. Analise-o em conjunto ao relatório de tempo por tarefa/projeto/cliente, emitido pelo TOGGL, e perceba quais os trabalhos que foram mais lucrativos, quais foram as principais demandas do escritório e quais os serviços que renderam uma hora de trabalho melhor remunerada.

Além disso, peça um *feedback* geral para sua equipe a respeito do desenvolvimento do trabalho. Indague-os sobre a satisfação com os trabalhos realizados, sobre o ambiente de trabalho e se eles sugeririam alguma alteração no modo de funcionamento do escritório. Esteja aberto a ouvir críticas e sugestões.

Escolha também alguns clientes do período para lhe fornecerem um *feedback* sobre a atuação do escritório. Pergunte-os o que poderia ser melhor no serviço.

Em seguida, com base nas informações coletadas, reflita sobre os pontos positivos e negativos. Avalie como aumentar os seus ganhos; como reduzir os seus gastos; como tornar a sua equipe mais produtiva; como aumentar o valor da sua hora trabalhada; como tornar mais agradável o ambiente de trabalho; como fortalecer ainda mais os valores do seu negócio... Enfim, faça quantos questionamentos mais você achar necessário, sempre com o objetivo de buscar o aperfeiçoamento e desenvolvimento da sua STARTUP-ESCRITÓRIO.

Fazendo isso, respondendo a tais questionamentos, você entenderá quais são as metas para o próximo ciclo de trabalho. A partir desta noção, você traçará o perfil de cliente que preferencialmente buscará para o próximo período. Com este perfil em mente, será possível traçar as estratégias de atuação para se chegar até o resultado almejado – Google ads, Facebook ads, *newsletters*, conteúdo em redes sociais, *networking* pessoal, contato direto com clientes pontenciais via Linkedin, seminários, palestras, dentre outras possibilidades.

Crie um documento no qual conste expressamente qual foi a estratégia elaborada e mantenha-o sempre disponível para consulta futura e eventual aprimoramento. Na reunião seguinte, caberá rever estas anotações e, junto com as demais informações coletadas, analisar as estratégias e verificar o que funcionou e o que deixou de funcionar no seu planejamento.

> ➤ TIPOS DE PROSPECÇÃO: ORGÂNICA, ATIVA E IMPULSIONADA

O objetivo do planejamento estratégico é, grosso modo, viabilizar o crescimento contínuo e sustentável da STARTUP-ESCRITÓRIO. Este crescimento acontece através de fatores internos e externos, os quais precisam ser considerados no momento de elaboração do plano.

De modo geral, o crescimento por fatores internos é aquele que reflete um aperfeiçoamento da estrutura e rotinas de trabalho, somados à manutenção de um "DNA Startup". O crescimento por fatores externos, por sua vez, acontece como resultado de uma interação cada vez mais eficaz do escritório e seus membros com aquilo que está do lado de fora.

No viés interno, todos os elementos que abordamos até aqui influenciam – componentes da preparação, pilares da cultura organizacional, compreensão das metodologias empreendedoras, das áreas operacionais de uma STARTUP-ESCRITÓRIO e da execução das operações básicas do negócio.

143

No viés externo, por outro lado, deve-se estar atento a tudo aquilo que envolve a apresentação do escritório para além de suas "fronteiras". Isso abarca tanto a exposição de alguns componentes internos, quanto a criação de alguns componentes que já "nascem externos", com o propósito específico de interagir com o que está de fora.

Estes componentes que "nascem externos" são, basicamente, tudo o que está envolvido na matéria "prospecção de clientes". Gosto de dividí-la em três modalidades: (i) orgânica; (ii) ativa; e (iii) impulsionada. O planejamento ideal é aquele que consegue combinar essas três modalidades de prospecção ao mesmo tempo e com o máximo da capacidade de cada uma para o momento.

Por "prospecção orgânica" devemos entender aquela que se origina naturalmente, fruto do grau de satisfação dos seus clientes com o seu trabalho – gerando o famoso "boca a boca" – e do tamanho e solidez da sua rede de contatos – gerando indicações de pessoas conhecidas. Investir na prospecção orgânica é, portanto, (i) garantir a qualidade do seu trabalho, com uma especial atenção à satisfação que seus clientes têm com o atendimento que lhes é prestado; e (ii) cuidar bem da sua rede de relacionamentos, de modo a ser uma pessoa acessível, educada, respeitosa com todos e que procura, sempre que possível, agregar algum valor a quem se relaciona com você (o que tende a despertar um sentimento de reciprocidade).

A "prospecção ativa", por sua vez, é aquela que envolve a abordagem direta de clientes em potencial. Neste ponto, é importante destacar a capacidade de saber se colocar no lugar do seu alvo e, a partir daí, tentar identificar as suas angústias, problemas, desejos e, principalmente, como você é capaz de ajudar em algum destes aspectos. O passo seguinte será, tendo estudado adequadamente o seu alvo, entrar em contato com o mesmo – utilizando, preferencialmente, a referência a algum contato comum entre os dois (ainda que seja apenas um conhecido de Linkedin) para fazer a primeira abordagem.

Por fim, existe a chamada "prospecção impulsionada" – que é a mais difícil e também a mais promissora. Trata-se daquela que chega até o seu alvo em razão de um aumento impulsionado do seu alcance. Isso pode acontecer através da publicações de artigos, concessão de entrevistas, atualização de blogs, redes sociais e diversas outras formas do chamado "marketing de conteúdo". Isto é, você leva conteúdo direto ao seu alvo, sem fazer uma prospecção ativa em cima dele, mas se apresenta para ele numa posição de "autoridade", tendo gerado material – de qualidade – sobre aquele assunto específico. Este conteúdo gerado, por sua vez, pode ser ainda mais impulsionado, caso utilizadas as poderosas ferramentas de marketing digital, como Google e Facebook Ads.

Por fim, vale destacar que, cumprindo-se à risca esta décima operação (de ANÁLISE DE DADOS, PLANEJAMENTO ESTRATÉGICO E PROSPECÇÃO DE CLIENTES), o escritório estará também se certificando do funcionamento da Metodologia LEAN e seus três princípios fundamentais (Aprendizado Validado, Ciclo Construir-Medir-Aprender, e Contabilidade Para Inovação), dando passos largos rumo ao seu crescimento e consolidação.

* * *

| FIM DA PARTE DOIS

A segunda parte deste livro teve o objetivo de apresentar para o leitor todos os aspectos da formação de uma

STARTUP-ESCRITÓRIO DE ADVOCACIA logo após as bases já estarem devidamente preparadas (assunto da Parte Um).

Mostramos, em um primeiro momento, as alternativas de hipóteses iniciais – da mais enxuta para a menos enxuta – para criação do MÍNIMO PRODUTO VIÁVEL deste tipo de negócio (uma STARTUP-ESCRITÓRIO DE ADVOCACIA). Em seguida, destrinchamos quais as CINCO ÁREAS VITAIS que este Mínimo Produto Viável precisa se preocupar em manter para que possa se desenvolver, de maneira estruturada, como uma verdadeira INSTITUIÇÃO PROFISSIONAL. Por fim, detalhamos quais as dez operações que traduzem, na prática, o funcionamento de todas as áreas vitais mencionadas.

Agora, na terceira e última parte deste livro, entenderemos o que a implementação de todos os conceitos até aqui abordados pode gerar como resultado. Isto é: o que é esta STARTUP-ESCRITÓRIO DE ADVOCACIA completa, já formada, consolidada e operante, a partir da soma de todos esses elementos? Depois, trataremos sobre os desafios do crescimento e sobre os cuidados que a organização precisará ter para conseguir permanecer com o espírito de STARTUP-ESCRITÓRIO, mesmo já tendo atingido um grande crescimento e faturamento. Ao final, peço licença para discorrer um pouco sobre a importância do conceito de "legado"; e, relacionado a este tema, aproveito para fazer um pedido aos eventuais (novos) "empreendedores-advogados" que este livro venha a, de alguma forma, influenciar.

PARTE TRÊS

PEDIDOS

"*NÃO É O MAIS FORTE QUE SOBREVIVE, NEM O MAIS INTELIGENTE. QUEM SOBREVIVE É O MAIS ADAPTÁVEL À MUDANÇA*"

CHARLES DARWIN

UM NEGÓCIO CONSOLIDADO

O QUE ESPERAR APÓS CUMPRIDAS AS ETAPAS DE PRÉ-FORMAÇÃO E FORMAÇÃO DE UMA STARTUP-ESCRITÓRIO DE ADVOCACIA. COMO OS CONCEITOS ABORDADOS SE INTERLIGAM AO LONGO DO CAMINHO. QUAIS OS AMBIENTES OPERACIONAIS POSSÍVEIS DE UMA STARTUP-ESCRITÓRIO DE ADVOCACIA FORMADA. COMO ELES INTERAGEM ENTRE SI DURANTE A ROTINA DO NEGÓCIO. A IMPORTÂNCIA DE SE SABER COMO CRESCER.

| O QUE TEMOS ATÉ AQUI? PARA ONDE IR AGORA?

As duas primeiras partes deste livro tiveram o objetivo de destrinchar os elementos formadores e pré-formadores de uma STARTUP-ESCRITÓRIO DE ADVOCACIA.

A Parte Três, agora, terá o objetivo de esclarecer ao leitor como essa STARTUP-ESCRITÓRIO DE ADVOCACIA – já formada – se apresenta na prática. Isto é:

(1) Como a união dos conceitos até aqui vistos resulta em uma STARTUP-ESCRITÓRIO DE ADVOCACIA; e

(2) Como, uma vez formada e consolidada, essa STARTUP-ESCRITÓRIO DE ADVOCACIA se prepara para os desafios do verdadeiro crescimento – e, sobretudo, como ela deve fazer para não sucumbir diante de tais desafios.

Para assentar e reunir os conceitos até aqui abordados – ao menos de modo geral – vamos percorrer o caminho que o empreendedor-advogado terá feito para chegar onde estamos, resumindo os seus principais pontos.

| PERCORRENDO O CAMINHO DO EMPREENDEDOR-ADVOGADO QUE INICIA UMA STARTUP-ESCRITÓRIO DE ADVOCACIA:

Antes de tudo, os sócios da futura STARTUP-ESCRITÓRIO DE ADVOCACIA precisam enfrentar a fase de pré-formação. Não é uma fase demorada, mas possui três importantes etapas que, se cumpridas adequadamente, garantem as condições ideais para que uma STARTUP-ESCRITÓRIO DE ADVOCACIA possa se formar e desenvolver da maneira mais certeira possível.

Nesta fase, as três etapas são: (1) verificação dos PREPARATIVOS INICIAIS relacionados às pessoas dos sócios fundadores; (2) conhecimento das METODOLOGIAS EMPREENDEDORAS que serão utilizadas; e (3) estabelecimento de uma CULTURA ORGANIZACIONAL, base para construção do negócio.

A primeira das três etapas – PREPARATIVOS INICIAIS – se subdivide em outros três pontos de análise e observação pelos sócios fundadores: (i) se há, entre eles, EQUILÍBRIO ENTRE OS PERFIS DE DONO (EMPREENDEDOR, GESTOR e TÉCNICO); (ii) quais os VALORES COMUNS ENTRE OS SÓCIOS (que formarão o IDEÁRIO) que poderão servir de apoio para a resolução de eventuais (na verdade, prováveis) discordâncias futuras; e (iii) se todos estão cientes e de acordo sobre manter uma ATITUDE MENTAL PROGRESSIVA desde o início da caminhada.

Em seguida, já na etapa "2" da fase de pré-formação, estes mesmos sócios devem buscar entender o conceito e princípios que formam as METODOLOGIAS EMPREENDEDORAS (*LEAN* e *EFFECTUATION*) – utilizadas em quase todos os segmentos de todos os negócios "tipo startup". Basicamente, na METODOLOGIA *LEAN*, deve-se ter em mente a aplicação de, novamente, três princípios, diretamente relacionados entre si: (i) APRENDIZADO VALIDADO; (ii) CICLO CONSTRUIR-MEDIR-APRENDER; e (iii) CONTABILIDADE PARA INOVAÇÃO. Na METODOLOGIA *EFFECTUATION*, por sua vez, são cinco os princípios que se deve ter em mente: (i) "PÁSSARO NA MÃO"; (ii) PERDAS ACESSÍVEIS; (iii) "COLCHA DE RETALHOS" (PARCERIAS); (iv) "LIMONADA" (ADAPTABILIDADE); (v) "CONTROLAR O CONTROLÁVEL".

Uma vez compreendidos os princípios fundamentais das metodologias empreendedoras – e a necessidade de aplicá-los para criar ou melhorar qualquer produto, serviço ou operação – os sócios podem dizer que, de certa forma, finalizaram a parte "teórica" da fase de pré-formação.

Passa a ser o momento, então, de rascunhar as bases da sua própria STARTUP-ESCRITÓRIO DE ADVOCACIA – com olhos para a sua realidade, o seu caso concreto. Trata-se da etapa imediatamente anterior ao início da formação do seu negócio em si.

Esta etapa é pautada na criação de uma CULTURA ORGANIZACIONAL – própria do seu negócio, mas sem perder de vista o "DNA" de um empreendimento STARTUP-ESCRITÓRIO DE ADVOCACIA.

O objetivo dessa CULTURA ORGANIZACIONAL é funcionar tal como uma "superfície" – firme e forte o suficiente para a construção de um negócio que, por sua natureza, já assume um alto risco em seu momento inicial. Com o tempo e consolidação do empreendimento, a CULTURA ORGANIZACIONAL segue como uma "bússola", que tem o papel de auxiliar a STARTUP-ESCRITÓRIO a desvendar qual a direção de crescimento que melhor condiz com os seus valores. Fazendo assim, mantendo sempre observados os PILARES da CULTURA ORGANIZACIONAL, a instituição terá a segurança de, mesmo eventualmente mudando todas as suas estratégias de atuação/construção, ainda estar no caminho certo.

Neste aspecto, no momento de elaboração destes PILARES, existem cinco deles que são fundamentais a este tipo de negócio, e que, independente da coexistência de outros, não poderão deixar de fazer parte da CULTURA ORGANIZACIONAL de uma STARTUP-ESCRITÓRIO DE ADVOCACIA.

Cada um dos PILARES tem como reflexo um POSICIONAMENTO INSTITUCIONAL naturalmente correspondente – e que os sócios devem desenvolver logo antes de dar início à fase de formação do negócio.

No caso dos CINCO PILARES FUNDAMENTAIS e seus respectivos POSICIONAMENTOS, temos o seguinte:

- 1º Pilar: PROPÓSITO
  Posicionamento: a própria criação do propósito;

- 2º Pilar: SIMPLICIDADE
  Posicionamento: utilização de interfaces simples e padronizadas para todos;

- 3º Pilar: TRANSPARÊNCIA
  Posicionamento: adoção de rotinas que incentivem à transparência, interna e externamente, à colaboração da equipe, criatividade e facilidade no gerenciamento de tarefas;

- 4º Pilar: AUTOAVALIAÇÃO

Posicionamento: utilização de mecanismos rotineiros de medição de dados e realização de análises periódicas sobre os dados coletados;

- 5º Pilar: REINVESTIMENTO
  Posicionamento: definir, como parte da política remuneratória, uma previsão de reinvestimento na própria estrutura do escritório, a partir de uma porcentagem dos ganhos.

Finalizada essa etapa, os sócios passam à fase de formação do negócio. Nela existem também três etapas: (1) como desenvolver um MÍNIMO PRODUTO VIÁVEL a partir de HIPÓTESES INICIAIS muito enxutas; (2) como tornar o seu negócio uma ORGANIZAÇÃO PROFISSIONAL, com estrutura não-amadora, independentemente do quão pequeno ele seja; e (3) como executar as dez operações inerentes a uma ORGANIZAÇÃO PROFISSIONAL STARTUP-ESCRITÓRIO DE ADVOCACIA.

Diferentemente do que acontece na fase de pré-formação, as etapas da fase de formação se embaralham durante o processo. As três partes a ela inerentes acontecem concomitantemente, apesar da sua separação teórica.

Para que a cabeça não se perca, é importante ter em mente que, durante a formação, tudo gira em torno da construção e desenvolvimento de um MÍNIMO PRODUTO VIÁVEL de uma STARTUP-ESCRITÓRIO DE ADVOCACIA, sendo as demais matérias partes que se agregam a este objetivo, e o incrementam ao longo do caminho.

O MÍNIMO PRODUTO VIÁVEL se confunde com o próprio negócio. Ele pode ser iniciado a partir de uma HIPÓTESE INICIAL mais enxuta ou menos enxuta – a que melhor se

153

compatibilizar com a condição financeira e psicológica dos sócios.

Enquanto este MÍNIMO PRODUTO VIÁVEL é desenvolvido – sempre de modo atento aos princípios das METODOLOGIAS EMPREENDEDORAS – é muito importante que haja por trás uma ESTRUTURA PROFISSIONAL – e isso é possível desde o início, mesmo com pouco investimento e pouca robustez do empreendimento em seus primeiros passos. Para posicionar esta ESTRUTURA PROFISSIONAL, existem CINCO ÁREAS VITAIS que devem estar sempre ativas. Uma delas é a chamada ÁREA VITAL DE EXISTÊNCIA (IDENTIFICAÇÃO INSTITUCIONAL); e outras quatro são ÁREAS VITAIS DE FUNCIONAMENTO (OPERACIONAL, GESTÃO ADMINISTRATIVA, FINANCEIRA e ESTRATÉGICA).

Para garantir que essas cinco áreas vitais estejam ativas, basta atrelar DEZ OPERAÇÕES ao MÍNIMO PRODUTO VIÁVEL, que seguirá sendo desenvolvido. São elas:

- Criação de uma Apresentação Institucional (ou Plano de Negócios);
- Desenvolvimento de uma Identificação visual;
- Arquivamento de dados;
- Gestão de equipe, desenvolvimento e distribuição de tarefas;
- Controle de prazos;
- Manutenção de serviços e *feedback* ao cliente;
- Produção de conteúdo;
- Medição de produtividade;
- Gestão financeira: controle de ganhos e despesas, política remuneratória e cálculo de honorários;
- Análise de dados; planejamento estratégico e prospecção de clientes.

Estas DEZ OPERAÇÕES podem ser executadas de muitas maneiras diferentes, através de diversos ambientes operacionais, ou plataformas *web*. O importante é que sejam realizadas, independentemente do grupo de ferramentas utilizado.

Seguindo à risca o procedimento, desenvolvendo o MÍNIMO PRODUTO VIÁVEL STARTUP-ESCRITÓRIO DE ADVOCACIA a partir da aplicação das metodologias e da observação dos conceitos apresentados nas fases de pré-formação e formação, o caminho inevitável é o do progresso – demore este um pouco mais ou um pouco menos.

| O DIA A DIA NOS AMBIENTES OPERACIONAIS:

O desenvolvimento das DEZ OPERAÇÕES citadas acaba revelando quais são os AMBIENTES OPERACIONAIS (ou o "*stack* operacional") onde a STARTUP-ESCRITÓRIO DE ADVOCACIA, uma vez formada, faz funcionar o seu "centro de controle", por assim dizer. Tomando como base os exemplos apresentados no capítulo anterior, podemos dizer que eles são os seguintes:

- Sede;
- Trello (ou similares);
- TOGGL (ou similares);
- Google Drive (ou similares); e
- Área do Cliente ADV (ou similares).

O desenvolvimento das operações e do bom funcionamento da STARTUP-ESCRITÓRIO impõe que os ambientes estejam interligados e em sintonia. Eles devem ser fáceis de manusear; devem refletir a CULTURA ORGANIZACIONAL da instituição e, ao mesmo tempo, devem ser capazes de harmonizar os conceitos formadores e pré-formadores anteriormente citados.

Em linhas gerais, o ambiente SEDE – único físico – faz parte da unidade do escritório. Ela contribui para a identificação da sua marca, para a união da sua equipe, para o fortalecimento dos seus valores e, logicamente, para a execução de todas as tarefas – afinal, ali estarão as ferramentas de trabalho (computadores, móveis etc) e, geograficamente falando, onde a grande maioria dos serviços será realizado.

Para que o ambiente de trabalho esteja de acordo com os mandamentos do negócio, a integração com o segundo ambiente – o TRELLO – é fundamental. O aplicativo funcionará como a sua "sala de comando de controle": ao chegar na sede e ligar o computador de trabalho, abrir o aplicativo deverá ser provavelmente a primeira ação a ser feita. Lá, por sua vez, será possível visualizar o espaço do seu TIME, contendo todos os seus QUADROS comuns.

Dentre estes quadros, haverá o da APRESENTAÇÃO INSTITUCIONAL, local onde estarão inseridas as diretrizes e orientações de acesso aos arquivos e informações do seu negócio. Será possível, a partir dele, relembrar, a qualquer hora, o seu PROPÓSITO, assim como a organização dos seus arquivos e suas políticas internas. Neste momento, deverá constar uma instrução de acesso ao seu GOOGLE DRIVE – terceiro dos ambientes operacionais, onde os seus arquivos estarão devida e organizadamente armazenados.

Outro que estará dentro do espaço do seu time no TRELLO será o quadro "EQUIPE". Este terá o objetivo de guardar, também organizadamente, os CARTÕES correspondentes à integralidade das tarefas que precisam ser realizadas pelo seu escritório.

Estas tarefas, por sua vez, quando realizadas, deverão ser mensuradas através do acionamento de um quarto ambiente, o TOGGL, que rastreará o tempo gasto para realização de cada uma delas. No TOGGL, devem estar cadastrados todos os clientes que possuem pastas no seu GOOGLE DRIVE, sem exceção, não importando se este cliente é "ativo", "inativo" ou "sondagem".

Quando a tarefa realizada estiver atrelada a um serviço prestado a um cliente ativo, esta tarefa também deverá ser registrada no quinto ambiente do seu negócio – a ÁREA DO CLIENTE ADV – para controle interno e, ao mesmo tempo, realização de *feedback*. Da mesma forma que no TOGGL, no ambiente da ÁREA DO CLIENTE ADV também devem estar cadastrados todos os clientes que possuem pastas no GOOGLE DRIVE. Assim, haverá correspondência entre os cadastros do GOOGLE DRIVE, do TOGGL e da ÁREA DO CLIENTE ADV.

Por fim, é possível que o sistema (ÁREA DO CLIENTE ADV) também seja responsável por alimentar o TRELLO, uma vez que estará nele o primeiro registro de andamentos processuais – os quais, por sua vez, poderão resultar na inclusão de um novo cartão para realização de tarefa (como, por exemplo, a elaboração de um prazo).

Assim, para tentar resumir a relação entre os ambientes, podemos dizer que eles interagem da seguinte forma:

APRENDENDO A CRESCER

No mundo dos negócios, sobretudo em negócios "tipo startup", não existe a máxima *"em time que está ganhando não se mexe"*.

Time que está ganhando, afinal de contas, é time que está crescendo de maneira sustentável; e, se está crescendo de maneira sustentável, e com base no estilo startup, isso se dá justamente porque ele não se priva de seguir em constante aperfeiçoamento.

Para crescer ainda mais e ir além da simples consolidação do negócio, é preciso pensar em como gerenciar o crescimento antes mesmo que ele aconteça; caso contrário, você correrá o risco de se afogar com a crise gerada pelo seu próprio tamanho.

O segredo para não se perder neste momento é planejar a nova fase (de "pós-formação") com o cuidado de manter sempre presente o "estilo startup" do negócio – em você e na(s) sua(s) equipe(s) –, independentemente do novo tamanho. Abordaremos, no próximo capítulo, os cuidados necessários para se fazer isso.

ATÉ A PRÓXIMA FASE: TOCANDO O PRESENTE, PLANEJANDO O FUTURO E CRESCENDO DE FORMA SUSTENTÁVEL

A PÓS-FORMAÇÃO: APRENDENDO A CRESCER DEPOIS DA CONSOLIDAÇÃO. COMO EVITAR QUE A TAL "SEGUNDA FUNDAÇÃO" SE TRANSFORME NUMA CRISE. OS TRÊS ELEMENTOS QUE NOS PERMITEM MANTER UM "DNA STARTUP". O FUNCIONAMENTO DE UMA STARTUP DENTRO DE UMA STARTUP-ESCRITÓRIO.

A "SEGUNDA FUNDAÇÃO": COMO CRESCER E MANTER A IDEOLOGIA "TIPO STARTUP"?

Crescer é uma tarefa difícil. Continuar crescendo é ainda mais desafiador.

Uma vez que se está consolidado enquanto negócio, que se tem um funcionamento sustentável e satisfatório, chega um momento em que a tentação maior grita para que você pare de pensar sobre crescimento. Isso não é algo que acontece de maneira racional – mas simplesmente acontece, naturalmente. Manter o trabalho do jeito que está e com os resultados positivos que já possui é algo que, por si só, toma bastante do seu tempo – o suficiente para se pensar que não há espaço para se gastar com o planejamento de um crescimento futuro; afinal, a lógica nos diz que primeiro é preciso pensar sobre "como manter", para, só depois, voltar as atenções para o "como crescer".

Este momento coincide com aquilo que Eric Ries chamou de "a segunda fundação de um negócio". Trata-se do *"período do crescimento de uma empresa, em que ela deixa de ser apenas mais uma organização e passa a ser uma instituição que veio para ficar"*[37] – e que precisa entender como gerenciar a nova realidade.

Quando isso ocorre em uma startup, o caminho do sucesso passa exatamente por garantir a permanência do "DNA startup" ao negócio, de modo a impedir que o mesmo fique estagnado ou – pior ainda – encolha, devido a uma crise gerada pelo aumento de tamanho.

Em uma organização "tipo startup", planejar o crescimento é algo muito natural no início dos trabalhos – quando crescer é uma necessidade básica para a própria existência da instituição, que começa mínima e com um enorme risco nas costas. Agora, uma vez que este primeiro crescimento já foi exitoso e a instituição já superou o risco de "não vingar", como fazer para atingir um crescimento diferenciado? E, especificamente: no que consiste a manutenção de um "DNA startup"?

A resposta está na união de três elementos (que podem parecer simples mas são bastante complexos):

- 1º - PESSOAS CERTAS;
- 2º - ATRIBUIÇÃO DE RESPONSABILIDADES; e
- 3º - ESTÍMULO CONSTANTE À INOVAÇÃO.

---

[37] RIES. Eric. *O Estilo Startup*, Ed. Leya, 2018.

Vamos entender o que cada um deles representa e, além disso, como contribuem para fazer com que a "segunda fundação" do negócio prospere. Vejamos:

➤ 1º - PESSOAS CERTAS:

Quanto mais o empreendimento cresce, mais ele ganha vida longe da cabeça dos donos, idealizadores originais do projeto. Quanto mais ramificações o negócio possui, mais a operação é tocada por alguém que não a pensou em um primeiro momento. Ou seja, mais ele está nas mãos de outras PESSOAS.

Isso é algo ótimo, mas demanda cuidados:

O primeiro cuidado que se deve ter em mente é em relação ao próprio sócio fundador: ele precisa entender que o crescimento é um caminho natural, e a "perda de controle" sobre a integralidade do que está sendo feito também é um caminho natural. Saber entender este processo e, mais do que isso, não freá-lo, é muito importante – e muito difícil. É hora de não centralizar as responsabilidades e aprender a delegar tarefas para as PESSOAS *CERTAS*, da sua confiança.

E aí que entra a maior das questões nesta fase: como saber quais são as PESSOAS *CERTAS*, que trilharão – na operação e no planejamento – um caminho que esteja de acordo com a ideologia original do projeto?

Para alcançar esta resposta, é preciso observar se a pessoa avaliada possui – ou se, ao menos, tem potencial para ter – duas características fundamentais: (i) PROTAGONISMO; e (ii) IDENTIFICAÇÃO COM A CULTURA ORGANIZACIONAL do escritório. Ou seja: a PESSOA CERTA nada mais é do que uma pessoa que, além das qualidades técnicas profissionais, precisa estar qualificada com as características de "PROTAGONISMO" e "IDENTIFICAÇÃO COM A CULTURA ORGANIZACIONAL".

Sabendo disso, a preocupação com o crescimento deve começar desde o momento em que você faz a primeira contratação e acrescenta o primeiro novo integrante ao seu time. Ao fazê-lo, é preciso observar se esta pessoa atende ao perfil necessário para o crescimento, com potencial de desenvolver as duas características mencionadas. Depois, durante o tempo em que o novo integrante da equipe já está contratado, é preciso estimulá-lo a seguir neste desenvolvimento.

De forma a tentar diminuir a subjetividade do conceito de PROTAGONISMO, sugiro que a análise do mesmo seja feita através de um olhar que o desmembre em três outras facetas: (a) *sentimento de dono*, no sentido de trazer para si a RESPONSABILIDADE PELO RESULTADO; (b) ATITUDE MENTAL PROGRESSIVA[38] (tal como deve ter o próprio sócio fundador, vide capítulo "Preparação"), no sentido de se encarar as dificuldades existentes como uma oportunidade de crescimento e evolução; e (c) busca da excelência através da PRÁTICA DELIBERADA – isto é, pela execução de tarefas de maneira *atenta ao objetivo*, *focada* no trabalho e aberta aos *feedbacks* com a intenção de perseguir uma *melhoria contínua*.

O crescimento de um negócio precisa de pessoas que reúnam essas três habilidades, formadoras do PROTAGONISMO. Isso, contudo, ainda não é suficiente para dizer que esse indivíduo alcançou o status de "PESSOA *CERTA*", capaz de auxiliar a instituição na manutenção de um "DNA startup".

---

[38] Vide capítulo "Base de Uma Startup-Escritório de Advocacia", na Parte Um deste livro

Além do PROTAGONISMO, é fundamental que seja analisado se o candidato possui a segunda característica – "identificação com a CULTURA ORGANIZACIONAL do escritório".

Essa identificação possui dois marcos de análise: (a) o primeiro, no momento inicial, de seleção do novo integrante, quando caberá medir o quanto este candidato se compatibiliza com os PILARES DA CULTURA ORGANIZACIONAL do escritório; (b) o segundo, ao longo do dia a dia de trabalho, pelo fortalecimento dos tais PILARES DA CULTURA ORGANIZACIONAL, quando caberá incentivar o profissional a mergulhar no que cada um deles representa. Este incentivo no dia a dia, aliás, deverá ser feito tanto através da estrutura da organização, quanto através da postura dos próprios sócios fundadores.

Para que tais pessoas prosperem e contribuam para o negócio, é preciso que se sintam valorizadas e autorizadas a expressar plenamente a sua opinião. Isso costuma ser um grande desafio para a maioria das organizações, que geralmente agem em sentido contrário. Tendo uma estrutura organizacional engessada, não só essas pessoas deixam de ser ativamente identificadas pela instituição, como também, sem perceber, a empresa acaba forçando que elas se escondam.

De modo a evitar que este erro aconteça, cabe ao sócio fundador – até como forma de fiscalizar a si próprio – se perguntar, sempre que possível, o que pode ser feito para que os membros do time se sintam protagonistas e desenvolvam as habilidades citadas. Isto é: como estimulá-los a ter SENTIMENTO DE DONO, ATITUDE MENTAL PROGRESSIVA e a executar tarefas pela PRÁTICA DELIBERADA. E, além disso: como utilizar a própria CULTURA ORGANIZACIONAL para estimular o amadurecimento dessas habilidades.

Fazendo isso, e buscando as respostas no dia a dia de trabalho (que variarão, caso a caso), você qualificará a sua equipe para o momento de maior crescimento do seu negócio. Quanto mais identificado com a CULTURA ORGANIZACIONAL, mais a pessoa com PROTAGONISMO estará preparada para ser considerada uma PESSOA CERTA, pronta para fazer parte da "segunda fundação" da sua STARTUP-ESCRITÓRIO.

Uma vez estando pronto para este momento, o profissional não sentirá o peso de receber a atribuição direta de novas responsabilidades (segundo elemento para a manutenção de um "DNA startup"). Vejamos.

➤ 2º - ATRIBUIÇÃO DE RESPONSABILIDADES:

Se bem desenvolvido o elemento anterior (PESSOAS CERTAS), o 2º elemento acontecerá de maneira bastante natural.

Uma vez que se tem na equipe as tais PESSOAS CERTAS (PROTAGONISTAS e IDENTIFICADAS COM A CULTURA ORGANIZACIONAL), o caminho do crescimento passará necessariamente por elas – que já possuem a responsabilidade intrínseca do *sentimento de dono* – recebendo maiores responsabilidades diretas em relação ao todo do negócio.

Caberá, neste momento, de forma expressa e clara, ser atribuída a este profissional uma RESPONSABILIDADE POR PARTE DO RESULTADO – seja liderando de fato uma equipe; seja estando à frente de um projeto; ou apenas se portando numa posição de liderança que se encaixe ao processo de crescimento da sua STARTUP-ESCRITÓRIO.

Havendo clareza em relação aos dois elementos (PESSOAS CERTAS e ATRIBUIÇÃO DE RESPONSABILIDADES), o terceiro e último elemento surge como um grande "fiscal garantidor" do potencial de ambos, para que os mesmos não sucumbam aos tantos afazeres diários que um negócio em pleno funcionamento pode nos impor. Vejamos a seguir.

> 3º - ESTÍMULO CONSTANTE À INOVAÇÃO:

Podemos dizer que ter presentes os dois atributos anteriores é suficiente para manter "incubada" a essência "tipo startup" em sua organização. Através deles, garante-se que o espírito deste tipo de negócio esteja bem desenvolvido, e a instituição tenha o *potencial* de realizar a "segunda fundação" de maneira sustentável.

No entanto, mesmo com estes dois elementos presentes, ainda é preciso um terceiro atributo para garantir que o potencial de crescimento do seu negócio não seja engolido pela preocupação de manter atualizadas as tarefas cotidianas.

Este terceiro elemento funciona como uma espécie de "departamento" de inovação (ou de empreendedorismo), cuja responsabilidade está em garantir sempre ativa a busca criativa por soluções e formas de crescimento do negócio. A incumbência do setor é, basicamente, não deixar que as PESSOAS CERTAS e com RESPONSABILIDADES ATRIBUÍDAS desperdicem o seu potencial de gerar crescimento, por não perceberem que os afazeres diários lhe tomaram todo o tempo e energia disponíveis.

Em "O Estilo Startup", Eric Ries explica que, chegado este momento na "vida" de uma startup, é preciso *"criar áreas funcionais capazes de inovar continuamente"*[39]. Para exemplificar esta necessidade, ele nos conta um pouco sobre a história da segunda fundação da Airbnb:

Brian Chescky, fundador da empresa, sempre teve o senso de urgência em conduzir a organização ATÉ A PRÓXIMA FASE. Pensando nisso, no auge da consolidação da startup, buscou inspiração para encontrar caminhos ao seu crescimento através da leitura da biografia de Walt Disney[40] – algo que à primeira vista poderia parecer inusitado ou muito distante do tipo de negócio do Airbnb.

Pois bem. Durante a leitura do livro, o *storyboard*[41] que Walt Disney utilizou para a criação do longa "A Branca de Neve" acabou servindo de inspiração para que Chescky também encomendasse o seu próprio *storyboard*: um que refletisse uma experiência completa de viagem, tanto sob a perspectiva do anfitrião quanto sob a perspectiva do viajante – seus públicos. A esperança do empresário era a de que este tipo de experiência ampliasse o seu leque de visão e, assim, fosse possível enxergar caminhos para o crescimento do negócio. A expectativa se confirmou: ao final, ao ver o *storyboard* criado, o primeiro pensamento de Chescky serviu como uma fagulha de inspiração, que começou a iluminar o caminho pelo qual a empresa deveria seguir como estratégia de crescimento. Percebendo que o Airbnb estava ausente na maior parte da história apresentada no *storyboard*, Chescky entendeu que a próxima etapa de expansão deveria ser rumo ao preenchimento de mais espaços na jornada do anfitrião e do viajante.

---

[39] RIES. Eric. *O Estilo Startup*, Ed. Leya, 2018.

[40] Walt Disney: Triumph of the American Imagination, de Neal Gabler.

[41] Para quem não sabe do que se trata: é uma espécie de roteiro ilustrado, quadro a auadro, representando a sequência de cenas de uma história.

Apesar da visão e da convicção que essa experiência trouxe, o conceito ficou paralisado por meses, travado pelas tarefas e preocupações naturais do dia a dia de trabalho. A estagnação só teve fim tempos depois, com a criação de uma "startup interna", dentro das próprias instalações do Airbnb: uma equipe de seis pessoas, encabeçada por Joe Gebbia, cofundador e diretor de produto, que testou diversas ideias do que a empresa poderia fazer como próximo passo do seu crescimento. O resultado foi a criação da ferramenta "Experiências", além de muitas outras criações internas, como, por exemplo, a inauguração de um estúdio de inovação e design (o "Samara") dentro da empresa.

Em outras palavras, o que se buscou, como forma de driblar a paralisação causada pelas tarefas e preocupações naturais do dia a dia, foi a criação de uma espécie de "departamento de inovação" – como podemos compreender a "startup interna" do Airbnb.

Nas palavras do próprio Joe Gebbia[42]:

*"NÓS NOS PREOCUPAMOS MUITO EM CRIAR UMA MARCA QUE TENHA LONGEVIDADE. PARA ISSO, DECIDIMOS QUE ERA HORA DE DESENVOLVER UM ESPAÇO PARA FAZÊ-LO (...) **UM ESPAÇO LIVRE DE LIMITAÇÕES DO DIA A DIA**, QUE PUDESSE SER UM AMBIENTE PARA SE ASSUMIR GRANDES RISCOS E FRACASSAR EM ALGUNS DELES".* [43]

Ao levarmos a análise deste conceito – espaço ou departamento de inovação/empreendedorismo – ao contexto de uma STARTUP-ESCRITÓRIO DE ADVOCACIA, identificamos que, apesar de precisar interagir com as CINCO ÁREAS VITAIS do

---

[42] Em entrevista para a revista Metropolis, também citada por Eric Ries em seu livro *O Estilo Startup*, da Editora Leya, 2018.
[43] Joe Gebbia, em entrevista para a revista Metropolis. Trecho retirado do livro O Estilo Startup, de Eric Ries, Ed. Leya, 2018.

negócio, existe uma área que, pela sua própria natureza, já pode englobar a ideia: a QUINTA ÁREA VITAL, de PLANEJAMENTO ESTRATÉGICO, MARKETING E VENDAS. Será preciso, contudo, fazer uma adaptação na mesma. Vejamos, a seguir, como isso pode se materializar na prática.

| A STARTUP DENTRO DA STARTUP-ESCRITÓRIO DE ADVOCACIA: UMA SEXTA ÁREA OPERACIONAL?

A criação, tanto de uma "equipe de inovação", exclusiva, quanto de um "espaço de inovação", dedicado, pode ser um pouco radical para o contexto de um escritório de advocacia – mesmo um escritório de advocacia "tipo startup".

O objetivo que tais medidas visa alcançar, contudo, ainda pode ser suprido através de meios alternativos. É possível, por exemplo, montar a sua própria "startup dentro da startup-escritório de advocacia" utilizando alguns dos integrantes da sua equipe – numa espécie de "equipe paralela", com atribuições e período de trabalho bem separados daquelas tarefas operacionais diárias.

Isto é, a "equipe de inovação" não precisa de dedicação exclusiva, desde que tenha condições de separar adequadamente (i) o tempo destinado ao trabalho da nova área e (ii) o tempo que é voltado ao trabalho do dia a dia operacional do negócio.

Para isso, o primeiro passo é definir como compor a equipe de inovação. Só depois, como ato seguinte, caberá planejar os mecanismos que serão utilizados para concretizar a separação das rotinas de trabalho – isto é, "rotina operacional" e "rotina de inovação".

No momento de definição da equipe, sugiro que as atenções se voltem especialmente aos profissionais responsáveis pela QUINTA ÁREA VITAL da sua STARTUP-ESCRITÓRIO (PLANEJAMENTO ESTRATÉGICO, MARKETING E VENDAS). Essas serão as pessoas que habitualmente mais participam da operação de ANÁLISE DE DADOS, PLANEJAMENTO ESTRATÉGICO E PROSPECÇÃO DE CLIENTES. Por conta disso, serão também esses os profissionais que terão maior facilidade para enxergar a amplitude do negócio e, a partir desta percepção, desenvolver a busca criativa por soluções e formas de crescimento da organização.

A equipe de inovação (formada por 2 a 6 pessoas no máximo, para manter-se enxuta) deverá entender tudo aquilo que está compreendido na QUINTA ÁREA VITAL, mas não poderá se restringir a ela. Os objetivos serão (sabendo dos planos, dos pontos fortes e dos pontos fracos do negócio): (i) pensar em soluções para questões atuais; e (ii), desde já, imaginar o passo seguinte de crescimento da organização, de modo a permitir, com a devida antecedência, a preparação adequada a este momento futuro, ainda que muito distante.

Feito isso, tendo a equipe formada, cabe então cercar-se de meios para que seja possível a essa equipe separar a "rotina de inovação" – paralela – da "rotina operacional" – diária. Para tornar isso possível, é preciso observar dois aspectos: "tempo de trabalho" e "ambiente de trabalho".

No caso do meu escritório, a inspiração para definir a quantidade de tempo a ser gasto veio do "Princípio de Pareto". Trata-se, em resumo, da teoria de que 20% do seu esforço é responsável por 80% do seu resultado. Se aplicamos esta porcentagem à quantidade de dias trabalhados em uma semana normal, com cinco dias úteis, temos que 20% corresponde a exatamente um dia inteiro de trabalho.

Foi justamente essa a medida que adotamos: separamos um dos dias da semana – no caso, o mesmo dia da reunião de equipe – para funcionar como o período de dedicação exclusiva à rotina de inovação, quando também mergulhamos em um novo ambiente de trabalho, igualmente exclusivo.

Este ambiente – segundo componente da "rotina de inovação" – não precisa ser um *espaço **físico** dedicado*. Nós, por exemplo, utilizamos um *espaço **virtual** dedicado*: criamos um QUADRO no TRELLO chamado "Equipe de Inovação" e, então, através dele, deixamos anotadas nossas ideias, fontes de inspiração, projetos em andamento, problemas verificados, *feedbacks* para os outros profissionais, além de qualquer outro assunto com potencial de contribuir para o objetivo de inovação, busca por soluções e crescimento do negócio como um todo.

Por fim, para manter contato com o restante da organização, é importante que a equipe de inovação se programe para, pelo menos uma vez ao mês (podendo ser na última reunião semanal de equipe do mês, por exemplo), apresentar para os demais profissionais do escritório quais foram os avanços, as conclusões, ideias e opiniões que a "ÁREA OPERACIONAL DE INOVAÇÃO" encontrou em suas atividades recentes.

Fazendo isso, estarão completos, devidamente observados, os três elementos que te permitem manter aquilo que chamamos de "DNA startup". Este, por sua vez, é o principal componente a te auxiliar no enfrentamento da "segunda fundação" do seu negócio, quando o crescimento tem grande risco de gerar uma crise.

CONSTRUÇÃO DE UM LEGADO

Qual é o legado que o Advocacia Startup espera deixar para os seus leitores. E qual o legado que o empreendedor-advogado pretende deixar ao longo do seu caminho?

É chegado o "início do fim" deste livro, e eu quero utilizar o capítulo derradeiro como um espaço de breve reflexão sobre o futuro.

Eu acredito que uma "Gestão Advocacia Startup" – tomando como base os conceitos propostos neste livro – tem um grande potencial de contribuição para o futuro da advocacia.

Explico:

Para mim, a percepção de um grande LEGADO esconde a soma de várias pequenas ações que fazem a diferença. Em uma STARTUP-ESCRITÓRIO DE ADVOCACIA, o dia a dia de trabalho, a estrutura da organização, os valores que a mesma incentiva nos seus integrantes e nos seus clientes, compreende uma enorme pluralidade de ações sendo desenvolvidas. São relações humanas, anseios profissionais, luta por direitos, serviços prestados, expectativas em cima de serviços prestados... Tudo isso acontecendo através de uma série de ações que, por sua vez, sempre terão algum tipo de consequência em outras pessoas – que herdarão aquilo que deixamos com as nossas interações.

Se, seguindo neste conceito, as ideias apresentadas neste livro influenciarem alguns advogados a terem uma gestão com mais propósito, mais empatia e mais eficiência, talvez estes advogados também venham a causar impacto em muitos outros profissionais – e assim sucessivamente, até que, em algum momento, a advocacia, de modo geral, preenchida internamente com mais sentido, transborde positivamente para a sociedade.

Se, ainda nesta linha, uma grande parcela da advocacia se transformar em uma atividade mais democrática, sustentável e atenta ao que realmente importa para as pessoas (que a fazem e que a recebem como um serviço), isso implicará numa relação mais transparente entre sociedade e operadores da advocacia. Ao chegarmos neste patamar, estaremos diante de uma sociedade muito mais consciente de seus direitos, o que fortalecerá o Estado Democrático de Direito e trará reflexos positivos em todos os segmentos da coletividade.

Eu sei que o caminho é longo e que todos esses reflexos possuem muitas barreiras, mas o movimento já começou. Muitas pessoas estão percebendo esta necessidade. É hora de nos multiplicarmos.

Este é o meu sonho de LEGADO do ADVOCACIA STARTUP e suas propostas. Eu confio que seja possível fazer uma advocacia com mais propósito e significado, tanto interna quanto externamente. Eu acredito no Direito como um importante instrumento de transformação social; e confio na capacidade dos advogados, enquanto operadores da "linha de frente", em liderar este movimento.

A advocacia pode sim ser um instrumento de mudança e geração de valor – primeiro, individualmente, no dia a dia e na carreira dos profissionais; depois, coletivamente, para a sociedade, em grande escala, levando a ela maior consciência de seus direitos e, assim, também de si própria.

Torço para que a ADVOCACIA STARTUP possa contribuir um pouquinho com estes objetivos.

Torço também para que você, empreendedor advogado que se sentiu estimulado a adotar uma "Gestão Advocacia Startup" em seu atual ou futuro escritório, reflita sobre o tipo de legado que deseja deixar em seu caminho, de modo a gerar impactos positivos a partir de suas ações, independentemente se em uma maior ou menor escala.

* * *

FIM

Chegamos ao fim. Apenas do livro – afinal, uma STARTUP-ESCRITÓRIO DE ADVOCACIA deve seguir em constante estado de desenvolvimento e aprimoramento.

Agradeço imensamente a você, querido leitor ou leitora, que separou um pouquinho do seu tempo para ler este material. Muito obrigado!

Convido você a acessar também o PORTAL ADVOCACIA STARTUP (www.advocaciastartup.com.br), para mais conteúdos relacionados às ideias aqui presentes.

E, claro: desejo a todos muito boa sorte em seus negócios! Construiremos, juntos, o futuro da advocacia.

Um grande abraço,

Raul Dourado.

"NÃO É DIFÍCIL IMPRESSIONAR SEUS CLIENTES. DÊ A ELES EXATAMENTE O QUE VOCÊ PROMETEU; DÊ TAMBÉM UM ÓTIMO SERVIÇO DE SUPORTE AO CLIENTE; E, POR FIM, DÊ MAIS UMA OU DUAS SURPRESAS EXTRAS AO LONGO DO CAMINHO. FAÇA ISSO E VOCÊ TERÁ UM RETORNO 100 VEZES MAIOR DO QUE O IMAGINADO"

JEFF WALKER

BRINDE: MAPA MENTAL E MAIS

Eu espero ter cumprido exatamente o que a frase de Jeff Walker – que antecede este "capítulo brinde" – nos ensina. Espero que o ADVOCACIA STARTUP tenha atendido às expectativas depositadas após a leitura do Prólogo. Espero também que eu consiga fornecer, sempre que necessário, um serviço de suporte ao cliente de excelência.

Por fim, em relação aos brindes, desejo, desde já, iniciar – mas não encerrar – o fornecimento deles.

A escolha do primeiro brinde – um mapa mental sobre o conteúdo do livro – revela também uma preferência pessoal minha: a utilização de mapas mentais para lembrar, estudar e refletir sobre um determinado assunto.

Para quem não está habituado ao termo, um mapa mental pode ser entendido como um diagrama sistematizado que organiza de forma bem visual as principais ideias e conceitos de um material. Através deste mapa, é possível consolidar o aprendizado, entender melhor a contextualização e relação dos elementos abordados, além de se ter acesso a uma visão mais ampla a respeito do todo, auxiliando no planejamento das ações e estratégias que tomam como base o conteúdo em análise.

Como já tenho por hábito preparar mapas mentais para os meus estudos, resolvi elaborar um especial, voltado para os conceitos deste livro, e disponibilizá-lo como brinde a todos os leitores e interessados.

Para recebê-lo, basta acessar o endereço:

| WWW.ADVOCACIASTARTUP.COM.BR/MAPAMENTAL |

e fazer o download do arquivo.

O segundo brinde é uma tentativa de contribuir para o início da sua jornada: um cupom de desconto (de 96%) para a compra de um *ebook + planilha modelo* sobre "Precificação de Honorários", do Portal Advocacia Startup – para te ajudar a resolver esta que é uma das questões mais difíceis de quem está começando a empreender na advocacia. Com estes dois documentos (que custarão, somados, R$ 1,00), você terá pronta uma espécie de *calculadora de honorários*. Bastará, então, preenchê-la com as especificidades de cada caso.

Junto com estes dois materiais, há ainda um conteúdo bônus muito interessante: uma explicação, ao final do *ebook* e da *planilha modelo*, sobre a utilização de um sistema de pontos para elaboração de uma *proposta de honorários na modalidade "por pontos"* (um tipo de contrato especialmente útil para a fidelização de clientes e o adiantamento de recebíveis).

O cupom é: "LEITORADVOCACIASTARTUP". Para utilizá-lo, basta acessar:

| WWW.ADVOCACIASTARTUP.COM.BR/CALC-HONORARIOS |

e, após clicar no botão "comprar", aplicar o cupom no campo correspondente.

Espero que gostem. Prometo, na sequência, através deste mesmo portal, entregar outros brindes, sempre com conteúdos relacionados às ideias de uma ADVOCACIA STARTUP.

Mais uma vez, muito obrigado por fazer parte de tudo isso.

POSSO TE PEDIR UM FAVOR?

Se você gostou desse livro, eu ficaria muito feliz se você escrevesse um *review* lá no site da Amazon.

Um feedback por lá ajuda a dar mais visibilidade ao livro e faz uma grande diferença para mim.

Se eu te convenci a deixar um *review*, tudo o que você precisa fazer é entrar nesse link aqui embaixo:

https://bit.ly/advocaciastartup

Obrigado!

REFERÊNCIAS

Livros são feitos de livros. E é por isso que eu reservo este capítulo especial para fazer referência e agradecer a todos os autores que escreveram as seguintes obras:

- *A coragem de ser imperfeito*, de Brené Brown. Editora Sextante. 2016.
- *Administração de Alta Performance*, de Andrew Grove. Editora Futura. 1997.
- *Cem dias entre céu e mar*, de Amyr Klink. Editora Companhia das Letras. 1995.
- *Como o Google Funciona*, de Eric Schmidt e Jonathan Rosenberg. Editora Intrínseca. 2015.
- *Do zero a um*, de Peter Thiel. Editora Objetiva. 2014.
- *Effectuation: Elements of Entrepreneurial Expertise*, de Saras D. Sarasvathy. Editora Edward Elgar Pub. 2009.
- *Em Busca De Sentido: Um psicólogo no campo de concentração*, de Viktor E. Frankl. Editora Vozes. 2017.
- *Empresas Humanizadas*, de David B. Wolfe, Jag Sheth e Raj Sisodia. Editora Alta Books. 2019.
- *Feitas Para Durar: Práticas Bem-sucedidas de Empresas Visionárias*, de Jerry I. Porras e Jim Collins. Editora Alta Brooks. 2020.
- *Just Enough: Tools for Creating Success in Your Work and Life*, de Laura Nash e Howard Stevenson. Editora Wiley. 2005.
- *Liderando Equipes Para Otimizar Resultados*, de Antônio de Jesus Limão Ervilha. Editora Saraiva. 2012

- *Marketing 3.0. As Forças que Estão Definindo o Novo Marketing Centrado no Ser Humano*, de Philip Kotler. Editora Elsevier. 2010.
- *Marketing de Conteúdo: A Moeda do Século XXI*, de Rafael Rez. Editora DVS. 2016.
- *Mindset: A nova psicologia do sucesso*, de Carol S. Dweck. Editora Objetiva. 2017.
- *O Estilo Startup*, de Eric Ries. Editora Leya. 2018.
- *O Mito Do Empreendedor*, de Michael E. Gerber. Editora Fundamento. 2011.
- *Organizações Exponenciais*, de Ismail Salim, S.Malone Michael e Van Geest Yuri. Editora Alta Books. 2018.
- *O poder do hábito*, de Charles Duhigg. Editora Objetiva. 2012.
- *O princípio 80/20: Os segredos para conseguir mais com menos nos negócios e na vida*, de Richard Koch. Editora Gutemberg. 2015.
- *Rápido e Devagar: Duas Formas de Pensar*, de Daniel Kahneman. Editora Objetiva. 2012.
- *Rework*, de Jason Fried e David Heinemeier. Editora Crown Business. 2010.
- *Roube como um artista: 10 dicas sobre criatividade,* de Austin Kleon. 2013.
- *Sonho Grande*, de Cristiane Correa. Editora Primeira Pessoa. 2013.
- *A Startup Enxuta*, de Eric Ries. Editora Leya. 2012.
- *The Creativity Book*: A Year's Worth of Inspiration and Guidance, de Eric Maisel. Editora TarcherPerigee. 2000.
- *The war of art*, de Steven Pressfield. Editora Black Entertain. 2011.
- *Turning Pro*, de Steven Pressfield. Editora Black Irish Books. 2012

SOBRE O AUTOR

 **Raul Dourado** é um empreendedor-advogado, formado pela Pontifícia Universidade Católica do Rio de Janeiro e pós graduado em Direito do Trabalho pela Universidade Candido Mendes. Em 2014, aos 24 anos, fundou, junto com seu sócio Marcos Puoci, o escritório de advocacia Puoci & Dourado Advogados Associados, utilizando conceitos de administração enxuta, típicos de empresas startups. Após o sucesso do empreendimento, o modelo aplicado no negócio foi condensado como conteúdo do livro ADVOCACIA STARTUP.

A experiência de gestão do escritório fez com que Raul e Marcos investissem em outros negócios. Hoje, acompanhados de mais dois sócios (Mariana Curado e André Melo) ambos também estão à frente da imobiliária Acervo Carioca Negócios Imobiliários, além de serem fundadores do Portal Advocacia Startup (www.advocaciastartup.com.br), onde desenvolvem e administram conteúdos diversos (textos, vídeos, cursos, *softwares* e ferramentas variadas) com estímulo a tipos de solução "quebra de paradigmas" no dia a dia da advocacia.

O Portal é, inclusive, um dos projetos que melhor comunicam a visão do autor, de fazer da advocacia um instrumento de transformação – individual e coletiva; interna e externamente –, com o desenvolvimento de novas e mais simples soluções para a área.

Quer saber mais? Acesse www.advocaciastartup.com.br.